Mathias Jung

Der Kleine Prinz in uns

Auf Entdeckungsreise
mit Saint-Exupéry

Benziger Verlag

Die Deutsche Bibliothek – CIP-Einheitsaufnahme

Der Kleine Prinz in uns.
Auf Entdeckungsreise mit Saint-Exupéry / Mathias Jung. –
Düsseldorf; Zürich: Benziger 2000
ISBN 3-545-20171-6

Benziger Verlag, Düsseldorf und Zürich
2. Auflage 2000

Umschlaggestaltung:
Grafik-Design Reckels & Schneider – Reckels, Wiesbaden
Satz: Josefine Urban – KompetenzCenter, Düsseldorf
Druck und Einband: Freiburger Graphische Betriebe, Freiburg
ISBN 3-545-20171-6

Inhaltsverzeichnis

Aus einem entschieden erdgebundenen Leben las er die erhabenen Momente heraus, und die besten davon brachte er, unter großer Mühe, zu Papier. Das Werk . . . läßt sich in einem Arm fassen. Doch ist alles in ihm reich an Geist: Es erweckt in uns den Wunsch, über uns hinauszugelangen. Es läßt uns träumen.

Stacy Schiff, Saint Exupéry. Eine Biographie

Die Politik

Ich möchte nicht, daß man mein
Buch leicht nimmt.
Antoine de Saint-Exupéry

Wer liebt ihn nicht, den Kleinen Prinzen! Rund um den Erdball lesen seit seinem Erscheinungsjahr 1943 Millionen von Menschen in fast achtzig Sprachen das zauberhafte und verzaubernde »Weltraummärchen«. Über 100 000 Exemplare des Kunstmärchens wandern in den USA jährlich über die Ladentische, in Frankreich sind es über 300 000. Allein die deutsche Gesamtauflage beläuft sich inzwischen auf rund sieben Millionen Exemplare.

Russische Astronomen benannten 1987 einen Asteroiden nach dem literarischen Vater des Kleinen Prinzen: Der Asteroid Saint-Exupéry besitzt einen Durchmesser von neunzehn Kilometern und kreist zwischen Mars und Jupiter. Der Kleine Prinz hätte sich auf diesem »Giganten« verirrt. Auf einer 50-Franc-Note sind Saint-Exupéry, der Kleine Prinz und die Boa, wie sie gerade einen Elefanten verschlingt, abgebildet. Längst kennen wir den Kleinen Prinzen in vielfältigen Formen als Theaterstück, Marionettenaufführung, choreographiert als Ballett und als Broadway-Musical. Der Kleine Prinz hat sich als das alterslose und beliebteste Werk des großen französischen Poeten und Fliegers erwiesen. Gleichwohl ist es alles andere als ein süßes literarisches Schaumgebäck. *Ich möchte nicht,* mahnt Exupéry, *daß man mein Buch leicht nimmt. Ich empfinde so viel Kummer beim Erzählen dieser Erinnerungen.*

Le Petit Prince schrieb Saint-Exupéry für Kinder. Das von ihm selbst illustrierte Büchlein sollte das Weihnachtsgeschäft seines New Yorker Verlegers ankurbeln, und es beflügelte nicht nur die Herzen der Kinder. Aber in seiner tiefen Dimension ist diese ungewöhnliche Erzählung der Weltliteratur eine Parabel über Kindheit und Erwachsensein, über Menschliches und Unmenschliches, Freundschaft und Liebe, Krise, Tod und Hoffnung. Es ist, wie Eugen Drewermann in seiner stärker theologisch pointierten Interpretation so wunderbar formuliert hat, ein *Brevier der Hoffnung* und ein *Vademecum der Liebe.*

Gleich dreifach ist dieses erzählerische Juwel grundiert durch die Angst: Die Angst um den Freund. Die Weltangst. Die Kindheitsangst.

Man überliest die Widmung am Anfang des Buches leicht. Sie ist für Léon Werth. Saint-Exupéry bittet die Kinder um Verzeihung, daß er dieses Buch einem Erwachsenen widmet. Als besondere Entschuldigung führt er an: *Dieser Erwachsene wohnt in Frankreich, wo er hungert und friert. Er braucht sehr notwendig einen Trost.* Der Grund ist hochpolitisch: Léon Werth ist Jude. Er hält sich in einem französischen Dorf versteckt. Frankreich ist – nach dem Ende des Petain-Regimes – von den Hitler-Truppen besetzt. Die Razzien auf Juden reißen nicht ab.

Wir schreiben das Jahr 1942. Saint-Exupéry, Luftwaffenoffizier in der Reserve, ist ausgemustert und schreibt im Exil, abwechselnd in New York und auf Long Island den Kleinen Prinzen. Er verfaßt aber auch, im November dieses schicksalträchtigen Jahres, an seine Landsleute einen Aufruf, der in allen französischen Sendungen der amerikanischen Rundfunkstationen ausgestrahlt und von den freien französischen Zeitungen in Nordafrika gedruckt wird. Darin wird die Angst vor der Nazibarbarei beschworen: *Die deutsche Nacht hat vollends unser Land begraben. Bisher konnten wir nur noch etwas von denen erfahren, die wir lieben. Wir konnten ihnen noch unsere Zärtlichkeit sagen, auch wenn wir das schlechte Brot ihres Tisches nicht mit ihnen teilen konnten. Wir hörten sie atmen, von weitem. Das ist vorbei. Frankreich ist nur noch Schweigen . . . Wir werden nicht einmal die Namen der Geiseln erfahren, die Deutschland morgen erschießen wird.*

Saint-Exupéry ist seelisch schwer verwundet von dem, was er erlebt hat. Denn er kommt gerade aus einem unerbittlichen Krieg, wie er an anderer Stelle berichtet: *Meine Staffel hatte durch neun Monate ohne Unterbrechung Deutschland beflogen und im Laufe der deutschen Offensive dreiviertel ihres Bestandes eingebüßt. Zurückgekehrt hatte ich die unheimliche Atmosphäre der Versklavung und die Drohung des Hungers kennengelernt, hatte die stockfinstere Nacht unserer Städte erlebt.*

Die Welt steht in Brand. »Major X«, wie die des Französischen unkundigen Amerikaner ihren Gast Saint-Exupéry nennen, will zurück an die nordafrikanische Front, um von dort aus seine Heimat zu befreien. Denn am 8. November 1942 sind in einem gewaltigen Militärmanöver amerikanische Truppen in Nordafrika gelandet. Im Gegenzug ließ Hitler ganz Frankreich besetzen. Saint-Exupéry wünscht sich nichts mehr, als wieder mit seiner Fliegerstaffel in den Luftkampf einzutreten. Eigentlich ist das ein Ding der Unmöglichkeit, denn mit über vierzig Jahren liegt Exupéry als aktiver Flieger zehn Jahre über der Dienstgrenze. Überdies sind seine Knochen von den zahlreichen Flugunfällen und Notlandungen zerschunden. Andererseits gilt er als eine der wichtigsten Stimmen Frankreichs im Ausland.

In seinem Buch *Flug nach Arras* hat Saint-Exupéry den Zusammenbruch Frankreichs, aber auch den moralischen Widerstand gegen die zeitweilige Niederlage so erschütternd beschrieben, daß die US-Zeitung Atlantic erklärte: *Diese Erzählung und die Reden Churchills sind die beste Antwort der Demokraten auf Hitlers »Mein Kampf«.*

Die Angst

Wer gelernt hat, sich recht zu ängstigen,
der hat das Höchste gelernt.
Sören Kierkegaard

Eigentlich steht Saint-Exupéry in seinem dreijährigen, erzwungenen Exil der Sinn wenig nach Schreiben. Ununterbrochen drängt er die höchsten politischen und militärischen Stellen der USA, ihm die Teilnahme am Luftkrieg zu erlauben. Da ist der Platz des Fliegers und Patrioten in diesem globalen Freiheitsdrama. In seinem Aufruf an die Franzosen begründet Saint-Exupéry seine Motive: *Wer könnte sich denn ungerecht gegen mich zeigen, da ich ja nur dem Traum nachhänge, ich möchte in Tunis die Kameraden der Gruppe 2/33 wiederfinden, mit denen ich neun Monate im Feld stand; mit denen ich sodann die schwere deutsche Offensive, die wir mit zwei Dritteln unserer Besatzungen bezahlten, und schließlich den Rückzug nach Nordafrika vor Abschluß des Waffenstillstandes mitmachte.*

Aus einem unheimlichen Gefühl der weltpolitischen Bedrohung und zugleich als eine literarische Selbsttherapie wird der Kleine Prinz geboren. Er reflektiert aber auch, gleich zu Beginn, die existentielle Angst, die es kostet *auszuhalten, ein Individuum zu sein* (Kierkegaard). Es ist die Angst, die jedes Kind erlebt, und die einen dunklen Kontrapunkt zu der paradiesischen Selbstvergessenheit der Kindheit darstellt.

Hier ist es die kleine Episode mit der Riesenschlange, über die der Erzähler in eigener Sache berichtet. Man sollte sich von dem heiteren Palando der Erzählung nicht täuschen lassen. Die Rede ist von der Boa, die gleichgültig einen kleinen Elefanten verschlingt. Die phantasielosen Erwachsenen halten die Zeichnung des damals noch kindlichen Erzählers für die Darstellung eines Hutes. Nein, erwidern sie dem kleinen Zeichner, dieses Bild mache ihnen keine Angst. Warum sollten sie vor einem Hut Angst haben? Man muß kein Psychologe sein, um zu erkennen, daß dieses sensible Kind sich eine Not von der Seele zeichnet. Ein Elefantenbaby wird verschlungen, ein Kind. Da wäre doch zu fragen: Wer droht dich zu verschlingen? Was ängstigt dich? Können wir dir Hilfe geben?

Angst ist eine Grundbefindlichkeit des Lebens. Auch die besten Eltern können dem Kind Angst nicht ersparen. Schon die Geburt ist eine schwere Angstpartie für Kind und Mutter. Das Zahnen, das Laufenlernen, die Rivalität mit Geschwistern, die Eifersucht gegenüber Vater oder Mutter, das Sicheinfügen in den Kindergarten, das Benotetwerden in der Schule, Krankheiten, Schläge, Minderwertigkeitsgefühle – all dies sind Ängste, die die Kindheit begleiten und die frühkindliche Entwicklungsstörungen hervorrufen können. Der Psychologe Fritz Riemann hat in seinem Jahrhundertwerk *Grundformen der Angst* die Herausbildung des Charakters als Antwort auf diese spezifischen Ängste beschrieben. Jeder Mensch erfährt, sagt Riemann, seine ureigene individuelle Form der Angst, *die zu ihm und zu seinem Wesen gehört, wie er seine Form der Liebe hat und seinen eigenen Tod sterben muß.*

Saint-Exupéry selbst hat Glück und Angst der Kindheit beispielhaft am eigenen Leib erlebt. Das kindliche Paradies beschreibt seine Schwester Simone Saint-Exupéry: *Das Leben Antoines als Kind war eine totale Osmose mit seiner Familie und mit jenem bescheidenen Universum der Pflanzen und Tiere, aus dem für uns Saint-Maurice und sein Park bestand. An schönen Tagen bauten wir uns Häuser in den Bäumen, aber auch mit Moos ausgelegte Hütten in Fliederbüschen ... An den Regentagen spielten wir Scharaden oder erforschten den Dachboden. Ohne die Staubwolken und den herunterfallenden Putz zu beachten, erkundeten wir die Risse in den Wänden und in den alten Balken auf der Suche nach dem Schatz, denn einen Schatz gibt es, wie wir dachten, in jedem alten Haus.*

Saint-Exupéry hat den Schatz, der den guten Teil seiner Kindheit ausmachte, bis zu seinem Tod wie einen Augapfel gehütet und seine Mutter als Garantin dieses Glückes mit einer nahezu neurotischen Fixierung geliebt, vielleicht nach dem Motto des Dichters Jean Paul Richter *Die Erinnerung ist ein Paradies, aus dem man nicht vertrieben werden kann.* Kein Zweifel, das Schloß von Saint-Maurice-de-Rémins mit seinem Park voller dunkler Tannen und Linden war, wie sich die Schwester Simone erinnert, das *geheime Königreich,* die *innere Welt voller Rosen und Feen.* Hier erhielt der kleine Antoine mit seinem goldenen Lockenkopf den Spitznamen *Sonnenkönig.* Hier hatte er einen eigenen Thron und einen winzigen grünen Stuhl, den er über alles liebte.

Aber der kleine »Sonnenkönig« wird auch Opfer schwerer Verluste. Als er drei Jahre alt ist, stirbt der Vater. Später verliert Antoine seinen jüngeren Bruder François, der sein bester Freund gewesen ist. Dann stirbt die Schwester Gabrielle. Mit dem Ausbruch des Ersten Weltkrieges geht seine Kindheit schlagartig zu Ende: Antoine wird in eine fünfzig Kilometer entfernte Jesuitenschule gesteckt, in der sich der schüchterne weltfremde Träumer allein und unglücklich fühlt. Hier bekommt er einen zweiten Spitznamen, der auf den Kleinen Prinzen verweist, *Pique la Lune, Mondpiekser.* Später muß er auf die katholische Marianistenschule in die Schweizer Stadt Fribourg wechseln, wo er im sprachlichen Ausdruck und Zeichnen brilliert, in Geographie, Fremdsprachen und Sport jedoch zu den Schlechtesten in der Klasse zählt. Später erklärt Saint-Exupéry, daß er *seinen Glauben verlor, als er bei den Marianisten war,* aber zeitlebens bleibt dem individualistischen Denker und Nietzsche-Verehrer die Bewahrung menschlicher Werte religiöser Ethik wichtig.

Die stillen Ängste eines Kindes gehen in der lauten Welt der Erwachsenen leicht unter. Erwachsene lassen sich nicht gerne an diese Ängste erinnern. Sie sind überhaupt Meister im Verdrängen, besonders die Spezies der »starken Männer«. Diese Betonierung der Seele, das Verschließen aller seelischen Poren, die Unterdrückung der Ängste, der kindlichen Bedürfnisse und elementaren Sehnsüchte meint Saint-Exupéry, wenn er die Erwachsenen mit den schneidenden Worten charakterisiert: *Die großen Leute haben mir geraten, mit den Zeichnungen von offenen oder geschlossenen*

Riesenschlangen aufzuhören und mich mehr für Geographie, Geschichte, Rechnen und Grammatik zu interessieren.

Je weniger Angst, desto weniger Geist, konstatiert Sören Kierkegaard. Das »innere Kind« in uns liegt unter einer Deponie der »Sachzwänge« und »Vernunft« begraben. Wir sind tot zu Lebzeiten. Wir verdrängen unsere Angst um den Zustand der Welt, um Auschwitz, Hiroshima und Tschernobyl. Wir sprechen lieber über Bridge, Golf, Politik und Mode. Was ist die strahlende Intelligenz eines Kindes, fragte Freud einmal, gegen den durchschnittlichen Intellekt eines Erwachsenen! Saint-Exupéry diagnostiziert den Seeleninfarkt unserer instrumentellen Vernunft, mit der wir den schönen blauen Planeten verhunzen und Kriegsbrände anzetteln, mit Schärfe:

Die großen Leute verstehen nie etwas von selbst, und für die Kinder ist es zu anstrengend, ihnen immer und immer wieder erklären zu müssen. Und: *So habe ich im Laufe meines Lebens mit einer Menge ernsthafter Leute zu tun gehabt. Ich bin viel mit Erwachsenen umgegangen und habe Gelegenheit gehabt, sie ganz aus der Nähe zu betrachten. Das hat meiner Meinung über sie nicht besonders gut getan.*

Die Krise

Was sagt dein Gewissen? –
Du sollst der werden,
der du bist.
Friedrich Nietzsche

Die Angst des kleinen Elefanten vor der Boa, das ist es. Saint-Exupéry erinnert uns daran, uns der eigenen Angst zu stellen. Was ist deine verborgene Grundangst, liebe Leserin, lieber Leser? Ist es die Angst, von deinem Partner verlassen zu werden? Die Arbeit zu verlieren? Daß deinen Kindern ein Unglück zustößt? Daß du stirbst, bevor du überhaupt dein Leben gelebt hast? Daß dein Körper in seiner Spannkraft nachläßt?

Die Angst, soviel ist gewiß, gehört wie der Schatten des Körpers zu meinem Leben. Hinzu kommt die Weltangst, die Sorge um den Zustand der Welt.

Wer die Angst als einen Bestandteil der *Condition humaine* bejaht, der muß auch der Krisenhaftigkeit des menschlichen Lebens ins Auge sehen. In unserer Erzählung ist es der Pilot, der sich in der schwersten Krise seiner Existenz wiederfindet. Wir wissen nicht exakt, was dem Mann des Höhenfluges zugestoßen ist. Ist er mit seiner Maschine abgestürzt oder ist er unter größten Gefahren notgelandet? Sicher ist, er steckt im zähen Sand der Wüste Sahara: *Etwas an meinem Motor war kaputt gegangen. Da ich weder einen Mechaniker noch Passagiere bei mir hatte, machte ich mich ganz allein an die schwierige Reparatur.*

Der fliegende Graf hat am Ende der 20er Jahre als Standortchef der Flugstation Cap Juby häufig erlebt, daß Piloten ihre Maschinen notdürftig wieder flugfähig machten. Wie seine Kameraden vom Postflugdienst flog er die Bréguete 14. Das war ein denkbar einfacher Aeroplan mit einer Reisegeschwindigkeit von 130 Kilometern die Stunde, viel Leim, Stoff, Holz und Blech. Mit einem Hammer, einigen Nägeln, Schrauben und Klebstoff konnte eine Bréguete 14 von einem geschickten Piloten oft wieder zur Flugtauglichkeit zusammengeflickt werden.

Manchmal war die Situation aber auch lebensgefährlich. Saint-Exupéry hat den Kampf ums Überleben am eigenen Leib erfahren. 1935 blieb der Pionier des Postflugs auf einem Langstreckenflug, der nach Indochina führen sollte, zweihundert Kilometer von Kairo entfernt mit seinem Mechaniker Prévot im Sand der libyschen Wüste stecken. *Damals meinte ich, nicht lebend davon zu kommen,* berichtet er in seinem Buch *Wind, Sand und Sterne.* Hier lernte er die mörderische Unwirtlichkeit der Wüste kennen.

Mit einer Thermoskanne süßen Kaffees, einer halben Flasche Wein, etwas Schokolade, einigen Keksen und Orangen stolperten die beiden Franzosen, verrückt vor Durst, fünf Tage lang durch eine Wüste, die dreimal so groß ist wie Frankreich. Ein Beduine rettete sie. Als erstes gab er den Verdurstenden Wasser. Voller Dankbarkeit notierte Saint-Exupéry: *Du aber, unser Retter, Beduine aus Libyen, Du wirst mir aus dem Gedächtnis schwinden! Deines Gesichtes kann ich mich nicht entsinnen. Du bist der Mensch und erschienst mir mit dem*

Antlitz aller Menschen! Du hattest uns nie zuvor gesehen und hast uns doch erkannt! Du bist mein geliebter Bruder, und ich werde Dich in allen Menschen wiedererkennen!

So dramatisch steht es denn auch um den Piloten in unserer Erzählung, der sich ganz allein an die Reparatur macht: *Es war für mich eine Frage auf Leben und Tod. Ich hatte für kaum acht Tage Trinkwasser mit.*

Jeder Mensch kann fliegen. Das ist die verborgene Botschaft dieser Rahmenhandlung. Der Mensch lebt nicht vom Brot allein. Er kann sich über die Niederungen des Alltags erheben, seine Schwingen ausbreiten, um Ideale kämpfen, Ideale leben. Er ist das einzige lebende Wesen auf dieser Welt, das zu Ehrgeiz, spirituellem Höhenflug, Reflexion und Heroismus fähig ist. Der Mensch ist seiner Möglichkeit nach ein Adler. Aber, und das gehört zur Kehrseite seines Daseins, er kann auch abstürzen. Der Absturz markiert die Krise.

Das menschliche Leben ist voller Krisen. So wie jeder Pilot der Pionierzeit mit Bruchlandungen rechnen mußte, so gehört die Krise unabdingbar zu unserem Leben. Die Krise, gibt uns Saint-Exupéry zu verstehen, ist nicht eine vermeidbare Panne, der ich durch Umsicht, Haftpflichtversicherung und hypochondrische Ängstlichkeit vorbeugen kann. Sie ist vom Gesetz des Lebens her gewollt. Wir brauchen, paradox gesprochen, die Krise. Die Krise ist ein Stimulans, ein Antriebsmittel, ein Motor unserer Entwicklung.

Es ist das Gesetz des Leidensdruckes, das mich härtet und formt. Ohne Krisen bleibe ich bewegungslos und emotional flach. *Eine Schlange, die sich nicht häutet, stirbt,* befand Friedrich Nietzsche, der Psychologe unter den Philosophen. Im Gegensatz zu der einer Schlange ist die menschliche Häutung oft qualvoll. Sie bedarf überdies oft der Einsamkeit.

Genau das macht die Krise aus, daß wir uns in ihr völlig vereinsamt wähnen. Die Krise, in der ich stecke, ist für mich sozusagen eine Welturaufführung. Keiner hat sie je vor mir erlebt, keinen wird sie so wie mich treffen. Saint-Exupéry findet eine poetische Metapher voller Eindringlichkeit für diese Situation der ausweglos scheinenden Einsamkeit der Krise: *Am ersten Abend bin ich also im Sand eingeschlafen, tausend Meilen von jeder bewohnten Umgebung entfernt. Ich war viel verlassener als ein Schiffbrüchiger auf einem Floß mitten im Ozean.*

Der Kleine Prinz ist die Erzählung von der Krise und der Erlösung des Menschen. Sie läßt keinen Zweifel an der radikalen Ernsthaftigkeit dieser Unternehmung. Die Wüste ist in ihrer Einsamkeit und schonungslosen Härte der Ort der äußersten Begegnung des Menschen mit sich selbst. *Man dringt nicht in das innere Wesen der Wüste ein, wenn man noch den Lärm der Städte mit sich schleppt,* beobachtet Saint-Exupéry an anderer Stelle: *Da die Wüste keinerlei greifbaren Reichtum bietet, da es in ihr nichts zu sehen, nichts zu hören gibt, drängt sich die Erkenntnis auf, daß der Mensch zuförderst aus unsichtbaren Anreizen lebt, denn das innere Leben, weit entfernt davon einzuschlafen, nimmt an Kräften zu. Der Mensch wird vom Geist beherrscht. In der Wüste bin ich das wert, was meine Götter wert sind.*

In der Wüste ist kein Entkommen vor mir selbst. Der harte Sandsturm schmirgelt alles Unwesentliche von mir ab. Jesus zieht sich vierzig Tage in die Wüste zurück, um sich den Dämonen, den Abgründen seiner Schattenpersönlichkeit, zu stellen. Mohammed meditiert in der Wüste. Buddha wählt neunundvierzig Tage Einsamkeit unter dem Bodhi-Baum, um darauf als »Erleuchteter« in die Welt zurückzukehren.

In der Krise entdecken wir uns selbst in unserer Begrenztheit, aber auch in unserer Wandlungsmöglichkeit. Nur wer sich verändert, bleibt sich treu.

In den »Wüsten-Krisen« erhalten wir darüber hinaus die Chance, die größte Liebesgeschichte unseres Lebens zu realisieren: die Liebe zu uns selbst. Saint-Exupéry hat dies in der Trostlosigkeit der libyschen Wüste erlebt: *Als ich durch die Wüste mit dem Tod um die Wette ging, habe ich wieder einmal einer Erkenntnis gegenüber gestanden, die dem Kopf so schwer eingehen will. Ich habe mich verloren gegeben, ich glaubte, in den Abgrund der Verzweiflung zu stürzen; aber ich brauchte nur zu verzichten, um Frieden zu finden. Der Mensch muß wohl solche Stunden erleben, um zu sich selbst zu finden und sein eigener Freund zu werden.*

Individualisierung und Vereinzelung sind die Kennzeichen der Moderne. In einem geschichtlich noch nie gekannten Ausmaß bin ich selbst zuständig für mich, mein Leben, meine Existenz. Das Leben wird zu einer Baustelle in Permanenz. Die Krisen entpuppen sich als die notwendigen Reparaturen und »Anbauten« meiner Lebensbaustelle.

Wir Kinder der Moderne führen eine Bastelexistenz. Wir selbst sind die Architekten. Der Plan entsteht beim Bauen. Wir müssen ihn fast fortwährend ändern. Wir fliegen als Piloten in der Luft der Freiheit. Manchmal wird der Sauerstoff knapp. Wir stürzen ab. Wir finden uns auf dem sandigen Boden unserer Existenz wieder. Die Fassade des Erwachsenen zerschellt. Zum Vorschein kommt das Kind in mir. Das ängstliche Kind, das königliche Kind. Der kleine Prinz. Die kleine Prinzessin. Wenn ich mutig bin, spreche ich mit ihm. Um bei mir selbst anzukommen.

Das Kind in mir

Jedes Kind ist gewissermaßen ein Genie
und jedes Genie gewissermaßen ein Kind.
Arthur Schopenhauer

Einen Monat vor Erscheinung seiner Erzählung *Der Kleine Prinz* veröffentlicht der meistgelesene französische Autor im Februar 1943 den *Brief an einen Ausgelieferten.* Er ist an seinen Freund Léon Werth gerichtet. Darin beschreibt Saint Exupéry die Krise des modernen, fragmentarisierten Bewußtseins mit eher düsterer Skepsis: *Heute ist der Respekt vor dem Menschen, diese Voraussetzung unserer Entwicklung, in Gefahr. Der Zerfall der modernen Welt hat uns ins Finstere geschleudert. Die Probleme hängen nicht mehr zusammen, die Lösungen widersprechen sich. Die Wahrheit von Gestern ist tot, die von Morgen erst zu gebären. Noch ist keine gültige Synthese vorauszusehen, und jeder von uns hält nur ein Teilchen der Wahrheit in Händen. In Ermangelung zwingender Evidenz nehmen die politischen Religionen ihre Zuflucht zur Gewalt. Und während wir uns so über die Methoden streiten, laufen wir Gefahr, nicht mehr zu erkennen, daß wir auf dem Weg zum gleichen Ziele sind.*

Wie dem Piloten in der Erzählung ist Saint-Exupéry die Heimat des Kinderglaubens verloren gegangen. In sein Notizbuch schrieb er: *Allzufrüh in einem Alter, in dem man noch eine Zuflucht sucht, wurden wir Gottes entwöhnt, und so müssen wir uns jetzt als einsame kleine*

Kerlchen durchs Leben schlagen. Just dem Piloten nun begegnet ein seltsam strahlendes und gleichwohl einsames »Kerlchen« in der Gestalt des Kleinen Prinzen: *Ihr könnt Euch daher meine Überraschung vorstellen, als bei Tagesanbruch eine seltsame kleine Stimme mich weckte ... Ich bin auf die Füße gesprungen, als wäre der Blitz in mich gefahren. Ich habe mir die Augen gerieben und genau hingeschaut. Da sah ich ein kleines, höchst ungewöhnliches Männchen, das mich ernsthaft betrachtete ... Ich schaute mir die Erscheinung also mit großen, staunenden Augen an. Vergeßt nicht, daß ich mich tausend Meilen abseits jeder bewohnten Gegend befand. Auch schien mir mein kleines Männchen nicht verirrt, auch nicht halbtot vor Müdigkeit, Hunger, Durst oder Angst. Es machte durchaus nicht den Eindruck eines mitten in der Wüste verlorenen Kindes, tausend Meilen von jeder bewohnten Gegend.*

Was hat es auf sich mit diesem königlichen und zugleich melancholischen Kind, das von unserem havarierten Piloten hartnäckig als Kleiner Prinz empfunden und so tituliert wird? Wer ist dieser Sendbote fremder Sterne? Handelt es sich bei dem Bewohner des Asteroiden B 612 um einen »Alien«, einen Außerirdischen, aus dem literarischen Genre der Science Fiction? Haben wir einen Vorgänger des liebenswürdigen und philosophisch tiefsinnigen E. T. vor uns, der Millionen Kinder- und Erwachsenenherzen höher schlagen ließ?

Nichts von alledem. Der gescheiterte Flieger begegnet hier seinem »alter ego«, seinem anderen Ich. Welchem Ich? Seinem verschütteten kindlichen Ich, dem Kind in ihm. Jenem kleinen Jungen oder jenem kleinen Mädchen, das tief verborgen im Herzen von all uns Männern und Frauen wohnt. Es ist ein königliches Ich im Sinn der tiefenpsychologischen Märchendeutung. Im Märchen werden die Helden und Heldinnen, zumeist nach schweren Prüfungen, in dem Augenblick zu Königen und Königinnen ernannt, in dem sie eine königliche Souveränität und Entfaltung ihrer Persönlichkeit erreicht und die Hindernisse ihrer Kindheit überwunden haben.

Wir alle können Könige werden, verspricht uns das Märchen mit seinem optimistischen Lebensmut, wenn wir aus der Kraft und Geradlinigkeit des prinzenhaften Kindes heraus die in uns angelegten reichen Wesensmöglichkeiten verwirklichen. Das »innere Kind« in mir ist mein lebendiger Wesenskern. Er ist noch nicht beschädigt durch den Sündenfall des Erwachsenseins. Er ist noch nicht zerstört durch die Fassaden und Uniformen des Gesellschaftswesens Mensch. Das »innere Kind« in mir ist anarchisch, bohrend, neugierig und von einer Art totaler Resistenz gegen die bakterielle Dummheit der Erwachsenenlogik.

Wenn Ihr nicht werdet wie die Kinder, gelangt Ihr nicht ins Himmelreich, heißt es im Neuen Testament. Das will sagen: Kehre zur Ehrlichkeit und Tiefe der kindlichen Seele zurück, dann befreist du dich selbst zur Persönlichkeit und bekennst dich zu den dir eigenen Entwicklungsgesetzen, deiner einzigartigen Individualität. Wo ich aus diesem unverfälschten Ich des Kindes lebe, werde ich, welcher Ideologie auch immer ich begegne, des Kaisers »neue Kleider« als Nacktheit entlarven und mich nicht blenden lassen. Wo ich meinem »inneren Kind« nahe bin, lebe ich die Treue als Treue zu mir selbst.

Das »innere Kind« ist, wie die humanistische Psychologie nicht müde wird zu betonen, eine Art Kompaß des *Werde der du bist* (Nietzsche) auf der Kolumbusfahrt meiner Lebensexpedition. In *Flug nach Arras* formuliert Saint-Exupéry diese innere Kursrichtung der Individuation des Menschen so: *Es ist leicht, einen Menschen zu formen, der blind und ohne Widerspruch sich einem Meister oder einer Heilslehre unterordnet. Doch das Gelingen, das darin besteht, den Menschen zu befreien, um ihn über sich selbst herrschen zu lassen, ist viel höher zu bewerten.*

Es ist die Krise, die mich das »innere Kind« als Chance und Verheißung erneut entdecken läßt. Plötzlich betrachte ich wieder mit kindlichen Augen die Welt, das uns zugefügte Unrecht, den eigenen Anteil an meiner Misere, vor allem aber das verblüffend große Potential meiner Begabungen. Mit der Taufrische des kindlichen Gemütes stelle ich die Frage nach meinem Glück jenseits von Beruf, Hausbesitz und Bankkonto. Ich rätsele nach dem Sinn meines Lebens neu. Ich frage, wofür ich geliebt werden will, und wofür es sich wirklich zu leben lohnt. In der Krise trete ich vor den Zwängen meines Lebens zurück, um aus diesem Abstand mich neu zu positionieren, alternative Lebensoptionen zu bedenken, und meine Lebenslandschaft neu zu gestalten.

Mit der einfachen Herzenslogik des Kindes in mir frage ich nach Gut und Böse, Schön und Schlecht in meinem Leben. Ich weine Kindertränen. Ich krieche aus der starren Igelhaut, die ich wie einen Panzer gegen die Härte der Welt angelegt habe. Ich entblöße mich bis auf die Haut. Ich schreie vor Schmerz. Ich werde in der Trennung vom alten, nicht mehr lebbaren Leben neu geboren.

Eben das widerfährt dem Piloten, der so schmerzhaft vom Himmel seiner Illusionen gefallen ist. In den siebentägigen Exerzitien seiner äußeren und inneren Wüste hält er Einkehr. Er nimmt eine kritische Inventur seines Schicksals vor. Er sucht an der Hand seines »inneren Kindes« den Brunnen mit dem Wasser des Lebens auf, um am Ende nachdenklich und verjüngt in einen neuen Lebenszyklus zu starten.

Unser Pilot begegnet sich also im Genius des Kleinen Prinzen selbst. Wir staunen mit ihm, welchen Reichtum er in diesem Kind, das in ihm steckt, entdeckt! *Bitte . . . zeichne mir ein Schaf!* bettelt dieses Kind und enthüllt eine so schöpferische Phantasie, wie sie uns Erwachsenen verloren gegangen ist. Denn der Pilot zeichnet nach einigen Fehlschlägen lediglich eine Holzkiste mit Luftlöchern, hinter der das Schaf des Kleinen Prinzen zu vermuten ist: *Das ist die Kiste. Das Schaf, das Du willst, steckt da drin. Und ich war höchst überrascht, als ich das Gesicht meines jungen Kritikers aufleuchten sah: Das ist ganz so, wie ich es mir gewünscht habe.*

Das Mysterium der Kindheit ist ein Wunder, gibt uns Saint-Exupéry zu verstehen. Wir großen Leute dürfen es nicht verschütten. Was wir »Erziehung« nennen, bedeutet in Wahrheit oft, daß wir die Kinder wegziehen in unsere engstirnige Richtung, statt sie die köstliche Kurvatur ihres Sonnen- und Lebenslaufes runden zu lassen.

In *Wind, Sand und Sterne* beschreibt der Dichter das Drama des begabten Kindes mit einem persönlichen Erlebnis: *Ich saß einem Ehepaar gegenüber. Zwischen dem Mann und der Frau hatte sich ein Kind so gut es ging eingekuschelt. Es schlief. Im Traum wendete es sich um und wandte sein Gesicht der dürftigen Lichtfunzel zu (die Szene ereignete sich in einem Eisenbahnzug, welcher in Frankreich entlassene Arbeiter nach Polen zurücktransportierte). Ach, welch wunderbares Antlitz! Diesem Paar dort war eine Art goldener Frucht geschenkt; solche Schöpfung aus Scham und Grazie wurde diesen schwerblütigen Wesen in die Wiege gelegt. Ich beugte mich über die glatte Stirn, über diesen süßen sanften Schwung der Lippen und ich sagte mir: Wehe, dieses Antlitz ist Musik, wahrlich, das ist Mozart als Kind, eine wundererfüllte Verheißung für das Leben. Die kleinen Prinzen der Legenden waren kaum anders als dies Kind: was könnte nicht alles aus ihm werden, wenn es behütet, umhegt und gebildet würde! Wenn in den Gärten durch Mutation eine neue Rose entsteht, dann geraten alle Gärtner in Aufregung, man vereinzelt die Rose, man pflegt die Rose und behandelt sie wie etwas Besonderes. Für die Menschen jedoch gibt es keine Gärtner. Das Kind, Mozart, wird wie alle anderen durch die Zerstörungsmaschinerie gejagt werden.*

Der Pilot ist verzaubert von dem Kleinen Prinzen. Mir selbst ist diese Verzauberung aus dem Alltag meiner psychotherapeutischen Praxis freudvoll vertraut. Wenn ich einen Menschen bitte, in die Sitzung Fotos von dem Kind, das er einmal war, mitzubringen, und wenn er mir dann ausführlich berichtet, dann lachen und freuen wir uns über die Klugheit, über die Warmherzigkeit, den Ernst, den Trotz, die überbordenden Einfälle, die Zähigkeit und die Tiefe des kleinen Mädchens oder des kleinen Jungen. Wir sind angerührt und bewegt. Eine Fundgrube seelischer Ressourcen hat sich aufgetan, ein Schatz ist gehoben. Beschwingt verläßt die Besucherin oder der Besucher den Raum. Bei aller schmerzhaften »recherche du temps perdu« und den Ortungen früher Verstümmelungen hat ein Mensch in dieser Stunde das unzerstörbare geniale Kind in sich entdeckt und seinen Kleinen Prinzen, seine Kleine Prinzessin als künftigen Gefährten der schwierigen Lebenswanderschaft wiedergewonnen.

Natürlich hat Saint-Exupéry in der Figur des Kleinen Prinzen auch dem phantasievollen und warmherzigen Antoine seiner Kindheit ein Denkmal gesetzt, aber der Kleine Prinz steht für jedes vitale Kind dieser Welt. Wie sorgsam und verantwortungsvoll es seine Pflichten wahrnimmt: *Wenn man seine Morgentoilette beendet hat, muß man sich ebenso sorgfältig an die Toilette des Planeten machen. Man muß sich regelmäßig dazu zwingen, die Sprößlinge der Affenbrotbäume auszureißen, sobald man sie von den Rosensträuchern unterscheiden kann, denen sie in der Jugend sehr ähnlich sehen.*

Wie zuverlässig er seine zwei tätigen Vulkane und den erloschenen Vulkan fegt! Wie zärtlich er die dreiundvierzig Sonnenuntergänge pro Tag liebt! Wie ernst er den winzigen Planeten seines kindlichen Wahrnehmungskreises nimmt! Wie treu er sich mit der schwachen Blume solidarisiert! Wie eindringlich dieser Knabe die traditionell als weiblich angesehene Aufgabe der Hege und Pflege des ihm Anvertrauten nimmt, wenn er sich sorgt, daß das Schaf auch nur eine einzige Blume auffrißt: *Wenn einer eine Blume liebt, die es nur ein einziges Mal gibt auf allen Millionen und Millionen Sternen, dann genügt es ihm völlig, daß er zu ihnen hinaufschaut, um glücklich zu sein. Er sagt sich: Meine Blume ist da oben, irgendwo ... Wenn aber das Schaf die Blume frißt, so ist es für ihn, als wären plötzlich alle Sterne ausgelöscht!*

Was für ein empfindungsfähiges Kind, das beim Gedanken an seine gefährdete Blume in Schluchzen ausbricht! Der Pilot, ein vom Leben gehärteter und verhärteter Mann, entdeckt seine weibliche Seele, seine »anima« (C.G. Jung): *Es galt auf einem Stern, einem Planeten, auf dem meinigen, hier auf der Erde, einen kleinen Prinzen zu trösten! Ich nahm ihn in die Arme. Ich wiegte ihn. Ich flüsterte ihm zu: »Die Blume, die du liebst, ist nicht in Gefahr... Ich werde ihm einen Maulkorb zeichnen, deinem Schaf... Ich werde dir einen Zaun für deine Blume zeichnen ... Ich ...« Ich wußte nicht, was ich noch sagen sollte. Ich kam mir sehr ungeschickt vor. Ich wußte nicht, wie ich zu ihm gelangen, wo ich ihn erreichen konnte ... Es ist so geheimnisvoll, das Land der Tränen.*

Der Kleine Prinz lebt intensiv und er liebt. Und doch ist beides voller Komplikationen und straft all jene Lügen, die einseitig nur vom Paradies der Kindheit sprechen und seine Gefährdungen verschweigen. Denn mitten in dem reinlich arrondierten Terrain der Kindheit lauern Gefahren und Mißverständnisse. Die Gefahren, das sind die Affenbrotbäume, die, wenn man ihre Wurzeln nicht rechtzeitig ausreißt, den Planeten sprengen. Der Kleine Prinz muß ständig auf der Hut sein.

Was waren, so kannst du dich, liebe Leserin, lieber Leser, fragen, die bedrohlich unterminierenden Affenbrotbäume deines Kindheitsplaneten? Die kriselnde Ehe der Eltern? Ein Alkoholproblem in der Familie? Eine zerstörerische Rivalität zwischen den Geschwistern? Geheime Ängste? Finanzielle Nöte? Die Verschickung zu Großeltern oder in ein Internat? Eine gefühlskarge Mutter? Ein abwesender Vater? Schläge? Demütigungen? Wurden dir als Kind Aufgaben zugewiesen, die dich überforderten? Die Fürsorge für jüngere Geschwister? Die Aufbesserung des gestörten Familienklimas? Die Mutter/den Vater zu ersetzen? Die kleine Frau des Vaters zu spielen?

Wer kennt nicht diese »Affenbrotbäume« einer schwierigen Kindheit? Wie der Kleine Prinz haben wir uns oft einsam und tapfer gegen sie zu wehren versucht.

Aber wer kennt nicht auch die Mißverständnisse der Liebe im Leben des Kindes? Manchmal ist es nicht möglich, die Liebe der Mutter oder des Vaters zu gewinnen. Nicht, weil das Kind nicht liebenswert wäre, sondern weil einer der Eltern liebesunfähig ist oder ein anderes Geschwister vorzieht. Hier ist es die Rose, an der der Kleine Prinz schier zerbricht. Saint-Exupéry hat ihre hypochrondrischen, hysterisch-narzißtischen aber auch schönen Züge seiner unsteten, salvadorianischen Ehefrau Consuelo entliehen. Mit ihr verband ihn eine ebenso katastrophale, von wechselseitigen Außenbeziehungen gespickte wie ausweglos tiefe Beziehung.

Die Rose des Kleinen Prinzen besticht durch ihre Schönheit, aber sie hat auch vier scharfe Dornen. Noch vermag der Kleine Prinz, wie wir alle am Beginn unserer erotischen Passionen, noch nicht zu begreifen, daß die Liebeserklärung »Ich mag dich leiden« wörtlich zu nehmen ist. Er weiß nicht, daß »Liebe und Leid«, wie es im hochmittelalterlichen Minnesang heißt, »stets verbunden« sind. Noch ist er liebesunerfahren. Noch vermag er keine Grenzen zu setzen. Noch neigt er dazu, aus der Liebe eine Intensivstation zu machen und die Rose-Frau unter dem Glassturz seiner caritativen Inszenierungen förmlich zu erstikken.

Noch fehlt dem Grundschüler der Liebe der lange Atem der Beziehungsfähigkeit. Er resigniert gegenüber der Rose: *So hatte der kleine Prinz trotz des guten Willens seiner Liebe rasch an ihr zu zweifeln begonnen, ihre belanglosen Worte bitterernst genommen und war sehr unglücklich geworden. »Ich hätte nicht auf sie hören sollen«, gestand er mir eines Tages. »Man darf den Blumen nicht zuhören, man muß sie anschauen und einatmen. Die meine erfüllte den Planeten mit Duft, aber ich konnte seiner nicht froh werden.*

Saint-Exupérys Frau Consuelo war Asthmatikerin. *Sie war,* so schreibt Stacy Schiff in ihrer Saint-Exupéry-Biographie, *so empfindlich gegen die Luft, wie die unter der Glasglocke geschützte Blume des Kleinen Prinzen. Wie die Rose kaschierte sie ihre Halbwahrheiten mit einem beunruhigenden Husten.* Was Saint-Exupéry dem Kleinen

Prinzen in den Mund legte, bildete zugleich eine melancholische Liebeserklärung des chronisch untreuen Fliegerhauptmanns Exupéry an seine schöne Consuelo: *Ich habe das damals nicht verstehen können! Ich hätte sie nach ihrem Tun und nicht nach ihren Worten beurteilen sollen. Sie duftete und glühte für mich. Ich hätte niemals fliehen sollen! Ich hätte hinter all den armseligen Schlichen ihre Zärtlichkeit erraten sollen. Die Blumen sind so widerspruchsvoll! Aber ich war zu jung, um sie lieben zu können.*

Wie Nils Holgerson benutzt der Kleine Prinz zur Flucht von seinem Asteroiden B 612 einen Zug wilder Schwäne. Wie alle Heldinnen und Helden der Märchen offenbart uns der Kleine Prinz damit eine grundlegende Wahrheit des jugendlichen Lebensaufbruchs: Ich muß von den Menschen und der Welt, die ich am meisten liebe, fliehen, um mich in diesem Abschied für die Entwicklung und das Neuland meiner Seele zu öffnen. Wie schmerzhaft dieser Prozeß ist, davon kann mir mein »inneres Kind«, wenn ich es erinnernd befrage, berichten. Erst wenn ich zu mir selbst gefunden habe, kann ich zu meinen Lieben zurückkehren und eine »Rose« lieben.

Trennung ist, so gesehen, Aufbruch. Aber sie ist schmerzhaft wie eine Amputation bei lebendigem Leibe und ohne Narkose. Die Trennungsfähigkeit bildet die Demarkationslinie zwischen Kindheit und Erwachsensein: Kinder können nicht fortgehen. Erwachsene dürfen gehen.

Die Herrschsucht

König ist nur,
wer seine eigenen Leidenschaften beherrscht.
Sokrates

Während die klassischen Märchenhelden meist den Weg in den Zauberwald antreten, um wie Hänsel und Gretel oder Hans mein Igel an den Abenteuern der Begegnungen zu reifen, tritt der Kleine Prinz eine galaktische Reise an. Was mögen wohl die von ihm besuchten Planeten und ihre sonderlichen Bewohner bedeuten? Was hat diese Erkundung mit mir, dem Leser, zu tun? Handelt es sich nur um ein Panoptikum bizarrer Käuze? Um blanke Lächerlichkeit? Sollen uns diese Planetarier allein auf das Schauspielerensemble der Erwachsenenwelt vorbereiten? Oder repräsentieren sie vielleicht, mit C.G. Jung zu sprechen, Aspekte meiner eigenen »Schattenpersönlichkeit«?

Mir scheint, wir müssen die Phänotypen, denen der Kleine Prinz mit der Verblüffung seines Kinderherzens begegnet, sowohl auf einer objektiven, als auch auf einer subjektiven Ebene verstehen. Diese Menschen mit ihrem extrem einseitigen Lebensentwurf und ihrer emotionalen Verarmung begegnen mir ununterbrochen im Alltag. Ich reibe mich an ihnen. Ich leide unter ihnen. Ich profitiere von ihnen. Ich verhalte mich jedoch nicht nur in einem säuberlich getrennten Modus der Koexistenz zu ihnen, sondern sie sind, subjektiv gesehen, auch ein Stück von mir: Ich selbst bin der herrschsüchtige König, der monologisierende Eitle, der sehnsüchtig Süchtige, der Geschäftsmann mit einem steinernen Herzen, der pflichtneurotische Laternenanzünder und der Forscher, der den Planeten verrät. Saint-Exupéry führt mich mit den planetarischen Stippvisiten des Kleinen Prinzen mitten in den Käfig meiner eigenen Seele. Mit seiner poetischen Parabel ergreift er gleichsam Kafkas *Axt für das gefrorene Meer in uns.*

Da ist der erste Asteroid 325. Auf ihm wohnt ein König. Wie all seine Nachfolger enthüllt er seinen Charakter bereits mit einem selbst gewählten Szenario und seinem allerersten Satz. Psychotherapeuten lernen in ihrer Ausbildung, sorgfältig auf die Initialszene, die ein Klient am Anfang der Sitzung unbewußt gestaltet, zu achten und ihre eigene Gegenübertragung dabei wahrzunehmen. Wie würdest du, liebe Leserin, lieber Leser, reagieren, wenn du einen Besuch machtest und der von dir Besuchte dir nicht nur keinen Platz anböte, weil er allen Raum für sich beansprucht, sondern dich darüber hinaus mit dem Satz empfinge, *»Ah! Sieh da, ein Untertan«*?

Der Kleine Prinz, dieser unverfälschte Mensch, reagiert köstlich unbekümmert. Er gähnt. Er verweigert den Respekt, den ihm dieser aufgeblasene »King« aufnötigen will. Für den sind alle Menschen Untertanen, Minderwertige, Befehlsempfänger, Hofschranzen. Der ganze Planet ist bedeckt vom Fummel dieses egozentrischen Potentaten. Ohne seinen *herrlichen Hermelinmantel* sähe er vermutlich ganz mickrig aus.

Man muß sich den Kerl einmal in langen Unterhosen vorstellen, sich seine Nobelkarosse und seinen bombastischen Titel wegdenken, dann schrumpft er auf ein Nichts zusammen. Er repräsentiert sozusagen den negativen König-Archetyp, die angemaßte Macht und vorgespielte Kompetenz. Dieser zweifelhafte König ist mit nichts anderem beschäftigt, als seine Autorität zu organisieren: *Er duldete keinen Ungehorsam. Er war ein absoluter Monarch.*

Dabei geht es diesem König vor der Theaterkulisse seines verlassenen Lebens nicht anders als uns, wenn wir uns eine Herrscherrolle anmaßen und, wie man im Theater sagt, eine Knallcharge auf die Bretter legen. Wir spüren selbst den Wurm des Zweifels in unserer Köpenikade. Saint-Exupérys König weiß nämlich insgeheim, daß es mit dem Befehlen so eine Sache ist. Weil er dem Kleinen Prinzen das Gähnen nicht verbieten kann, so befiehlt er es ihm kurzerhand. Natürlich kann er auch keinen Sonnenuntergang heraufzaubern, aber er tut so als ob: *Ich werde ihn befehlen. Aber in meiner Herrscherweisheit werde ich warten, bis die Bedingungen dafür günstig sind.*

Im Grunde inszeniert der König ein einziges Blendwerk. Eigentlich läuft alles ohne ihn. Nur will er diesen Gedanken nicht zulassen. Er ist größenwahnsinnig. Er meint, über das ganze Universum gebieten zu können, auch über die Sterne: *Sie gehorchen aufs Wort. Ich dulde keinen Ungehorsam.*

Was geht hier vor? In jedem von uns stecken, meist aus den Fährnissen der Kindheit entwickelt, gute und falsche »Einstellungssätze« zur Welt und zu den Menschen. Ein guter Einstellungssatz wäre: »Ich will mit meiner Arbeit einen kleinen Beitrag zur Gesellschaft leisten.« Ein falscher Einstellungssatz könnte lauten: »Ich werde allen Menschen beweisen, daß ich der Größte bin.« Wenn ein tyrannischer König Dramaturg unserer Seele ist, dann wird er posaunen: »Ich herrsche über alles.« Genau das behauptet der König.

Wo ich als angemaßter König auftrete, trage ich meine Nase hoch. Ich nehme Menschen grundsätzlich nur unter mir wahr. Ich bin hochmütig. Ich bin besserwisserisch. Ich dulde keine Auseinandersetzung. Ich toleriere keine andere Meinung. Ich lasse mich nicht belehren. Ich versteinere und entwickele mich nicht mehr. In der Partnerschaft demütige ich den anderen und bin selbst unerreichbar und unangreifbar. Mir fehlen Barmherzigkeit, Selbstkritik, und Menschenliebe.

Wie sieht es aber aus, wenn ich so einem Herrschertyp am Arbeitsplatz, in der Familie oder in der Ehe gegenüberstehe? Bin ich dann so souverän wie der Kleine Prinz, mich mit leichten Schritten und kopfschüttelnd vom Schauplatz des Geschehens zu entfernen und meine Freiheit zu suchen? Oder zittern mir die Knie? Versuche ich, an der angemaßten Macht meines herrschenden Gegenüber zu partizipieren? Der Schriftsteller Siegfried Lenz betont in seinem Theaterstück *Das Gesicht* (1964) den verhängnisvollen dialektischen Zusammenhang zwischen Herrscher und Untertan, Täter und Opfer: *Jeder Herrscher ist auf Vollstrecker angewiesen, und je dienstbarer diese sind, desto leichter kann er sich selbst vergeben.*

Das »Königsdrama« im Kleinen Prinzen will mich zweifach ermutigen – einmal den herrschsüchtigen Tyrannen in mir zu überwinden, zum anderen jedem, der sich dazu aufschwingt, zu trotzen. Jean Jacques Rousseau formulierte: *Der Mensch ist frei geboren, und doch liegt er überall in Ketten.* Es sieht so aus, als ob wir, zweihundert Jahre später, nach den Erfahrungen des Faschismus und Kommunismus, den Satz an einem entscheidenden Punkt zu ändern hätten: »Der Mensch ist frei geboren, und doch legt er sich überall selbst in Ketten.«

Wenn ich der Herrschsucht Paroli bieten will, muß ich erst einmal die Ketten sprengen, die ich mir selbst aus Furcht, Gedankenlosigkeit oder Unwissen angelegt habe. Das ist eine uralte und immer wieder neue Aufgabe. Der Philosoph Immanuel Kant (1744–1804) hat sie in seiner berühmten Schrift *Was ist Aufklärung?* 1783, also sechs Jahre vor der Französischen Revolution, in Sätzen formuliert, die wie in Stein gemeißelt sind: *Aufklärung ist der Ausgang des Menschen aus seiner selbst verschuldeten Unmündigkeit. Unmündigkeit ist das Unvermögen, sich seines Verstandes ohne Leitung eines anderen zu bedienen. Selbstverschuldet ist diese Unmündigkeit, wenn die Ursache derselben nicht am Mangel des Verstandes, sondern der Entschließung und des Mutes liegt, sich seiner ohne Leitung eines anderen zu bedienen. Sapere aude! Habe Mut, dich deines eigenen Verstandes zu bedienen! ist also der Wahlspruch der Aufklärung.*

Entdecken wir wieder die Unbekümmertheit des Kindes gegen die Amtsanmaßung der Dummheit. Überwinden wir die Trägheit unseres Herzens. Kant:

Faulheit und Feigheit sind die Ursachen, warum ein so großer Teil der Menschen, nachdem sie die Natur längst von fremder Leitung freigesprochen ..., dennoch gerne zeitlebens unmündig bleiben; und warum es anderen so leicht wird, sich zu deren Vormündern aufzuwerfen. Es ist so bequem, unmündig zu sein.

Vergessen wir nicht, die Herrscher in der Politik, den Medien, den Life-Style-Agenturen und der Konsumindustrie können nur dann meinungsbildend werden, wenn wir zuvor unsere Verantwortung an sie abtreten. Auch hier hat Kant unsere Denk- und Handlungsfaulheit mit schneidenden Worten charakterisiert: *Habe ich ein Buch, das für mich Verstand hat, einen Seelsorger, der für mich Gewissen hat, einen Arzt, der für mich die Diät beurteilt usw., so brauche ich mich ja nicht selbst zu bemühen. Ich habe nicht nötig zu denken, wenn ich nur bezahlen kann; andere werden das verdrießliche Geschäft schon für mich übernehmen.*

Die Herrschsüchtigen sind gefährlich, gleich ob sie in mir stecken oder über mir. Motiviert mich selbst die Herrschsucht, so benutze ich die Menschen, anstatt ihnen respektvoll und lernend verbunden zu sein. Sind die Herrschsüchtigen, in welcher Form auch immer, über mir, so versuchen sie, mich mit Geschenken zu ködern: *»Hm, hm!« sagte der König, »ich glaube, daß es auf meinem Planeten irgendwo eine alte Ratte gibt. Ich höre sie in der Nacht. Du könntest Richter über diese alte Ratte sein. Du wirst sie von Zeit zu Zeit zum Tode verurteilen. So wird ihr Leben von deiner Rechtsprechung abhängen. Aber du wirst sie jedesmal begnadigen, um sie aufzusparen. Es gibt nur eine.«* Die Herrscher ködern uns mit einem Quentchen Macht. So kommt es zur *Banalität des Bösen* (Hannah Arendt), die am Ende den Typus des Schreibtischmörders Eichmann produziert hat.

Wohl dem, der nicht korrumpierbar ist wie unser Held: «*Ich liebe es nicht, zum Tode zu verurteilen*«, *antwortete der kleine Prinz,* »*und ich glaube wohl, daß ich jetzt gehe.*«

So harmlos hat das Gespräch des Kleinen Prinzen mit dem Herrscher begonnen, mit der Todesstrafe endet es. Man könnte eine Gänsehaut kriegen. Die Begegnung mit der unkontrollierten Macht, ob im Innern des Menschen oder in den Instanzen über ihm, wird leicht lebensgefährlich.

Schein oder Sein

Im Menschen kommt die Verstellungskunst auf ihren Gipfel: Hier ist die Täuschung, das Schmeicheln, Lügen und Betrügen, das Hinter-dem- Rücken-Reden, das Repräsentieren, das Im-erborgten-Glanze-Leben, das Maskiert-Sein, die verhüllende Konvention, das Bühnenspiel vor anderen und vor sich selbst, kurz das fortwährende Herumflattern, um die eine Flamme Eitelkeit so sehr die Regel und das Gesetz, daß fast nichts unbegreiflicher ist, als wie unter den Menschen ein ehrlicher und reiner Trieb zur Wahrheit aufkommen konnte.

Friedrich Nietzsche

Der zweite Planet ist von einem Eitlen bewohnt. Auch hier ist die Initialszene entlarvend: «*Ah, ah, schau, schau, ein Bewunderer kommt zu Besuch!« rief der Eitle von weitem, sobald er des kleinen Prinzen ansichtig wurde. Denn für die Eitlen sind die anderen Leute Bewunderer.*

Der Kleine Prinz ist irritiert. Der Eitle hat nämlich einen *spaßigen Hut.* Der Eitle trägt ihn keineswegs, um seine Ohren zu schützen oder Regen abzuwehren. Nein, er benötigt ihn, um huldvoll zu grüßen, wenn man ihm zujauchzt: *Unglücklicherweise kommt hier niemand vorbei,* klagt er.

Nichts erwartet der Eitle sehnlicher als das Händeklatschen eines Bewunderers. Als der Kleine Prinz ihm diesen Gefallen tut, wird der Eitle schnell zum Hampelmann seines Besuchers, indem er mechanisch seinen Hut ab- und aufnimmt. Er markiert den »Grußaugust«. Dem Kleinen Prinzen ist die Geltungsneurose des Eitlen völlig fremd, er wird des läppischen Spiels schnell überdrüssig. Bevor er sich gelangweilt aus dem Staube macht, sucht er noch, vergeblich, dem Geheimnis dieses narzißtischen Menschen auf die Spur zu kommen. Er fragt den Eitlen, was er unter »Bewundern« verstehe. Es entfaltet sich ein köstlicher Dialog:

»Bewundern heißt erkennen, daß ich der schönste, der bestangezogene, der reichste und der intelligenteste Mensch des Planeten bin.«

»Aber du bist doch allein auf deinem Planeten!« »Mach mir die Freude, bewundere mich trotzdem!«

»Ich bewundere dich«, sagte der kleine Prinz, indem er ein bißchen die Schultern hob, »aber wozu nimmst du das wichtig?«

Das genau ist die Frage. Warum nehme ich, wenn die Eitelkeit mich beherrscht, die Bewunderung anderer Menschen so maßlos wichtig? Augenscheinlich ist es, daß ich in dieser Eitelkeitssucht mein Zentrum nach außen verlege, d. h. mir meine Wertigkeit nicht selber bescheinige, sondern sie ausschließlich von anderen Menschen abhängig mache. Ist hier nicht, wie schon bei der moralischen Statur des Herrschsüchtigen, ein krankhafter und krankmachender Kompensationsprozeß im Gange?

Der König, so sahen wir, glich seine reale Ohnmacht mit einem aufgeblähten Machtgebaren aus. Der Eitle kompensiert offensichtlich sein schwaches Ego, das er selbst insgeheim für minderwertig und für nicht vorzeigbar hält, mit einer pompösen Inszenierung und Überhöhung seines Selbst. *Eitelkeit,* sagt

Nietzsche, *ist die Neigung, sich als Individuum zu geben, während man keines ist.*

Der Eitle entspricht dem Typus des hysterischen Menschen. Der Psychologe Fritz Riemann hat diesen Charaktertyp in seinem Werk *Grundformen der Angst* ausführlich und um Fairneß bemüht gewürdigt. »Ich bin, weil ich bewundert werde«, lautet die Maxime eines narzißtischen Menschen. »Wenn Ihr mich in meinem Strahlenglanz wahrnehmt, dann müßt Ihr mich auch lieben!« Männliche wie weibliche Hysteriker inszenieren das ganze Leben als Rausch, als Ekstase, als Auftritt. Die Welt wird zur Bühne, der Partner zum Publikum. Er hat keine andere Aufgabe, als dem chronisch eitlen Hysteriker zu lauschen, ihm zu applaudieren, bis ihm die Hände schmerzen.

Wenn ich einen eitel-hysterischen Charakter habe, bin ich nicht dialogisch, sondern monologisch strukturiert. Hinter der Schrillheit meiner Auftritte, den unaufhörlichen Bonmots und Pointen lauert das ramponierte Ich meines schwachen Selbstwertgefühls. Ich verbiete mir, meine verborgene Depressivität und Grauheit zu zeigen. Ich muß mich immer in Topform präsentieren. Der französische Romantiker François René Chateaubriand (1768–1848), ein depressiv-hysterischer Charakter, faßte seine verborgene Depressivität und sein Bedürfnis nach nicht abreißender Bestätigung und Gesehenwerden in die witzig-doppeldeutige Formel: *Ich möchte in einer Einsiedelei leben. Aber sie sollte auf einer Bühne stehen.*

Wenn etwas von Saint-Exupérys Eitlem in mir steckt, so pflege ich wie ein leuchtender Schmetterling durch die Welt zu flattern und von allen Blüten zu nippen. Ich bin der »puer aeternus«, der ewige Jüngling, oder das immer jung bleiben wollende verführerische Mädchen mit dem »Helena-Syndrom«: Die Männer sollen um mich trojanische Kriege führen. Ich habe Angst vor Alter und Tod.

Mein Charakter erschöpft sich allerdings nicht nur im Negativen. Immerhin ist Eitelkeit, ein gesundes Maß vorausgesetzt, eine überwältigende produktive Kraft, die uns zu Höchstleistungen anspornt. Ohne ein Minimum an Eitelkeit liefen wir in Sack und Asche herum. Der Eitle und Hysteriker ist nämlich auch, wie Riemann betont, *risikofreudig, unternehmungslustig, immer bereit, sich Neuem zuzuwenden; er ist elastisch, plastisch, lebendig, oft sprühend und mitreißend, lebhaft und spontan, gerne improvisierend, ausprobierend ... Er bringt alles in Bewegung, rüttelt an Traditionen und veralteten erstarrten Dogmen und hat etwas bezwingend Suggestives, viel Charme, den er bewußt einzusetzen weiß ... So kann er eigenwillig und wagemutig das Leben wie ein buntes Abenteuer sehen, und der Sinn des Lebens liegt für ihn darin, es möglichst reich, intensiv und füllig zu leben.*

Saint-Exupéry führt jedoch vor, was krankhafte Eitelkeit aus mir macht. Wenn ich als Eitler mein verbales und gestisches Feuerwerk abgebrannt habe, überfällt mich oft hinterrücks ein auswegloses Gefühl der Leere und Nichtexistenz. Ich bin dann, wenn der Ausdruck erlaubt ist, ein armes Schwein. Das billige Pappmaché meiner Bühnenkulissen wird immer schneller durchschaut. Beim Kleinen Prinzen bedarf es für die Desillusion exakt fünf Minuten.

In der Erzählung erfahren wir nichts über die innere Biographie und Psychogenese des Eitlen. Wenn wir ihn uns einmal wohlwollend anschauen und an unsere eigenen Anfälligkeiten für die hysterische Selbstdarstellung denken, fragen wir uns natürlich: Wie entsteht ein solcher Mensch? Die Psychologie gibt uns darüber Aufschluß. Horst-Eberhard Richter macht einen bestimmten Typus neurotischer Familie dafür verantwortlich. In seinem Grundsatzwerk *Patient Familie – Entstehung, Struktur und Therapie von Konflikten in Ehe und Familie* (1970) spricht er von der »Theaterfamilie«: Alle Familienmitglieder spielen ständig eine Rolle, sowohl voreinander als auch vor Außenstehenden. Alle wollen im Mittelpunkt stehen. Alle haben das Bedürfnis nach Applaus. Die Beziehungen sind gekünstelt. Die eigene »Größe« und »Herrlichkeit« steht im Mittelpunkt. Alle geben sich extravagant und fungieren wechselseitig als Publikum.

Menschen aus »Theaterfamilien« versuchen, sich und den Mitmenschen zu beweisen, daß das eigene Getue die eigentliche Welt ist und die Welt nur ein Theater. Die Kommunikation ist überschwenglich, bedrängend und anerkennungshungrig. Der Gesprächspartner wird zum Statisten degradiert. Was diese Verhaltensweisen, die immer auch Verdrängungsmechanismen sind, verbergen, ist die Depression des Theatertyps in seinem »stillen Kämmerlein«. Wie mit Exupérys Eitlem könnte man mit diesem männlichen oder weiblichen Hysteriker auch Mitleid bekommen – welche Kräfte verlangt diese Dauerinszenierung der Selbsttäuschung ab!

Wo ich allein aus der Eitelkeit heraus agiere, verrate ich mich selbst. Ein solcher Art idealisiertes Selbst ist eine Seifenblase übersteigerter Ich-Ideale und Selbsttäuschungen. Natürlich bewirkt diese Selbstidealisierung eine imaginäre Aufwertung meines Daseins und beruhigt damit scheinbar meine Grundangst. Andererseits löst sie meist eine destruktive Dynamik aus. Denn diese irreale Überbewertung führt zur Verachtung meines realen Selbst. Den Traum von der Gottähnlichkeit meines Ichs bezahle ich mit einer Entfremdung von meinem wahren Ich, das eben stark *und* schwach, glanzvoll *und* armselig ist.

Im Extremfall kann diese Selbstentfremdung bis zur schizophrenen Bewußtseinsspaltung führen. Der englische Psychiater Ronald D. Laing beschreibt diesen Verlust des Ich-Kerns in seiner berühmten Studie *Das geteilte Selbst. Eine existentielle Studie über geistige Gesundheit und Wahnsinn* (Erstausgabe 1960). Er führt dazu den Begriff der *ontologischen Unsicherheit* ein. Normalerweise erlebt jedes Individuum sich als real, lebendig, ganz, verschieden vom Rest der Welt, innerlich konsistent, mit Substanz, Wahrheit und Wert versehen; es hat damit einen festen Kern *ontologischer Sicherheit.* Ein seinsmäßig unsicherer Mensch wie unser krankhafter Eitle erlebt sich dagegen im Innern seiner Seele eher tot als lebendig, personal eher unzusammenhängend, fast körper- und substanzlos.

In der Eitelkeit bin ich andauernd damit beschäftigt, mich meiner Identität, vor allem meines Körpers, zu versichern. Ich habe gleichzeitig permanente Angst, diese Selbstheit zu verlieren. Als Eitler bin ich wie der Schlemihl in Chamissos Märchen: Ich verliere meinen Schatten und damit mein Wesen. Ich werde gleichsam zu einem Imitat des Menschen. Ich bin krank. Saint-Exupéry formuliert diese Einsicht in *Die Stadt in der Wüste* so: *Es kamen mir Gedanken über die Eitelkeit. Von jeher erschien sie mir nicht als ein Laster, sondern als eine Krankheit ... Wie kann dich ein anderer befriedigen, wenn es nicht aus Liebe geschieht und wenn du ihm nichts schenkst? ... Die Eitelkeit beruht auf dem falschen Geschenk und auf einer Täuschung ... Der Eitle beneidet den König. Und wenn ihm der König zugelächelt hat, tut er sich wichtig mit diesem Lächeln und stolziert wie ein Zerrbild des Königs einher, um sich seinerseits beneiden zu lassen. Der König hat ihm seinen Purpur geliehen. Denn es spricht daraus nur Nachahmung und eine Affenseele.*

Sagen wir nicht, das Drama des Eitlen gehe uns nichts an, das sei ein seltenes, pathologisches Verhalten. Denken wir nur an die Konsumsucht in unserer Gesellschaft. Hat sie nichts mit Eitelkeit zu tun? Hat sie nicht fast alle von uns erfaßt? Liebe Leserin, lieber Leser, sei einmal ehrlich zu dir: Wieviele Schuhe, Hosen, Hemden, Jacken oder Röcke füllen deine Kleiderschränke? Polieren wir nicht täglich unsere Schauspielerrolle gegenüber anderen Menschen? Zeigen wir wirklich noch unsere Nacktheit, Wärme und Verletzlichkeit?

Versuchen wir nicht, mit unserem »postmodernen Outfit« immer »gut drauf« zu sein und dem Jugendlichkeitskult der Werbung zu entsprechen? Lautet unser modernes Glaubensbekenntnis nicht »Consumo ergo sum«, ich konsumiere, also bin ich? Definieren wir nicht längst den Fortschritt als exponentielles Wachstum der Konsumgüter zur Befriedigung unserer Eitelkeit?

Lebe ich nicht, wie der unglückliche Monarch in Hans-Christian Andersens Kunstmärchen *Des Kaisers neue Kleider,* bevorzugt die Darstellungssucht der »Erlebnisgesellschaft« und »fun society«? Trete ich mit meiner Eitelkeit nicht hektisch auf der Stelle? Mogele ich mich damit nicht um die ungelebten Potenzen meiner Persönlichkeit, um neue Wege, Herausforderungen und Entwicklungschancen herum?

So kurz ist die Visite des Kleinen Prinzen bei dem Eitlen. So viele Fragen wirft sie auf. Es geht um Sein oder Schein meiner Existenz.

Sucht und Sehnsucht

Nicht die Droge ist's,
sondern der Mensch
Walther H. Lechler

Die kürzeste Begegnung hat der Kleine Prinz mit dem Alkoholiker, aber keine andere stürzt ihn in so tiefe Schwermut. Man sollte das winzige Kapitel nicht überlesen. Dafür ist der Konflikt zu wichtig.

Das Alkoholproblem begegnet mir Woche um Woche in meiner Praxis. Vor allem sind es die Frauen, die über ihre krankhaft trinkenden Männer klagen. Habe ich dann endlich in einer späteren Sitzung den Mann vor mir sitzen, so läuft in der überwiegenden Zahl der Fälle das gleiche, mir wohlvertraute Ritual ab. Der Mann bagatellisiert, wiegelt ab und flüchtet in falsche Zahlenangaben. Was sind denn schon zwei Flaschen Bier und ein klarer Korn am Abend, sagt so ein Mann beispielsweise. Oder: Ich bin ein geselliger Mensch. Bei Einladungen kann man doch nicht mit einem Mineralwasser herumsitzen. Zwischen Leber und Milz paßt immer noch ein Pils!

Kann »man« wirklich nicht mit einem Mineralwasser herumsitzen? Führt ein nicht alkoholisches Getränk zu gesellschaftlicher Ächtung? Die Ehefrau wird meist der Freudlosigkeit und Genußunfähigkeit bezichtigt. Viele Ehefrauen berichten mir: *Ich mag einfach nicht mit ihm schlafen, wenn er wieder eine Alkohol-*

fahne aus dem Mund hängen hat. Nach der Sprachlosigkeit der Paare spielt der Alkohol die Nummer Zwei in der Rolle der Liebeskiller.

Alkohol rangiert an der Spitze der Suchtprobleme. Über sechs Millionen Bundesbürger, so alarmiert der Fachverband Sucht etwa 1998, haben Alkoholprobleme, fünf Millionen Männer und Frauen sind direkt abhängig. Der Verbrauch von reinem Alkohol pro Einwohner liegt, was Deutschland betrifft, an der Jahrtausendwende bei 10,9 Liter. Das bedeutet, daß im Schnitt jeder Bürger jährlich rund 31 Liter Bier, 18 Liter Wein und 4,5 Liter Sekt trinkt. Nach Angaben des Deutschen Verkehrssicherheitsrates werden jährlich 200 000 alkoholisierte Kraftfahrer von der Polizei gestellt. Etwa jeder zweite Verkehrstote geht auf das Konto von Alkohol. Die Folgekosten durch Alkoholmißbrauch für die Volkswirtschaft werden in Deutschland auf über 30 Milliarden D-Mark jährlich eingeschätzt. Ein Alkoholkranker bringt im Schnitt nur Dreiviertel der üblichen Arbeitsleistung, ist 2,5 mal häufiger krank und 3,5 mal häufiger in Betriebsunfälle verwickelt als ein gesunder Mitarbeiter.

Jack London schrieb in seinem Jahrhundertklassiker *König Alkohol: Ich bin überzeugt, daß nicht einer von zehntausend, ja nicht einer von hunderttausend Männern mit einer organischen Veranlagung zum Trinken geboren ist. Das Trinken ist meiner Ansicht nach nichts als eine geistige Angewohnheit ... Von einer Million Trinkern hat nicht einer allein angefangen zu trinken. Alle Trinker trinken zuerst in Gesellschaft, und dieses Trinken hat stets Folgen von allergrößter sozialer Reichweite.*

Die Alkoholabhängigkeit bringt, das beobachte ich immer wieder, unsagbares Elend in die Ehe und die Familie. Alkoholismus ist längst von den Versicherungen als eine Krankheit anerkannt. Wohl keiner hat den verhängnisvollen Kreislauf dieser Sucht so knapp und präzise beschrieben wie Saint-Exupéry. Der Kleine Prinz ist konsterniert:

»Was machst du da?« fragte er den Säufer, den er stumm vor einer Reihe leerer und einer Reihe voller Flaschen sitzend antraf.

»Ich trinke«, antwortete der Säufer mit düsterer Miene.

»Warum trinkst du?« fragte ihn der Kleine Prinz.

»Um zu vergessen«, antwortete der Säufer.

»Um was zu vergessen?« erkundigte sich der kleine Prinz, der ihn schon bedauerte.

»Um zu vergessen, daß ich mich schäme«, gestand der Säufer und senkte den Kopf.

»Weshalb schämst du dich?« fragte der kleine Prinz, der den Wunsch hatte, ihm zu helfen.

»Weil ich saufe!« endete der Säufer und verschloß sich endgültig in sein Schweigen.

Genau das macht den circulus vitiosus, den verhängnisvollen Teufelskreis, aus, daß jeder Suchtkranke, nicht nur der Alkoholiker, aus dem Kreislauf von Schuld, Scham und Vergessen nicht mehr herausfindet. Überdies wird der Süchtige, was der Kleine Prinz nicht weiß, von der Wirtschaft heftig umworben und immer wieder neu verführt.

Maja Langsdorff registriert in ihrem Ratgeber *Die heimliche Sucht, unheimlich zu essen* diesen Umstand: *Die Pharmaindustrie, die Tabakkonzerne, die Hersteller von Spielautomaten, die Winzer, Schnapsfabrikanten, die Bierbrauer, die Süßwarenindustrie und viele andere Wirtschaftszweige leben davon, Produkte mit Suchtpotentialen herzustellen.* Zur Sucht gehört jedoch nicht nur der Produzent der Droge, sondern ein Konsument mit der entsprechenden Suchtdisposition. Maja Langsdorff: *Ihre Erzeugnisse aber machen nicht von sich aus süchtig – sie fallen in einer Überfluß- und Überdrußgesellschaft auf fruchtbaren Boden. Heute weiß man, daß bei entsprechender Disposition jede Betätigung, jedes Verhalten zwanghaft werden und alle Züge einer Sucht annehmen kann.*

Die Sucht stellt eine gravierende seelische Störung dar. Sie bedeutet ein falsches, nämlich neurotisches Lösungsrepertoire von Konflikten, ein Verdecken innerer Probleme. Der Säufer, der den Prinzen so deprimiert, ist nur ein besonders abschreckendes Beispiel. Meist drapiert sich die Sucht unauffällig, manchmal sogar mit cooler Lässigkeit. Zwanzig Millionen Menschen sind nikotinabhängig. Kinder beginnen mit durchschnittlich zwölf Jahren zu dieser Droge zu greifen, denn sie ist gesellschaftlich akzeptiert.

Oder nehmen wir das Problem des Übergewichtes. Fast jeder zweite Europäer ist übergewichtig. Das ist einerseits, worauf berühmte Ärzte wie Bircher-Benner und Max Otto Bruker hingewiesen haben, eine ernährungsbedingte Zivilisationskrankheit, d. h. eine Folge der denaturierten industriellen Kost. Aber wie oft ist das Übergewichtssyndrom und die Eßsucht auch ein Ausdruck tieferliegender seelischer Störung. Wir alle kennen das, wenn wir uns einen »Kummerspeck« anfressen oder, genau umgekehrt, vor innerer Not abmagern.

Eßstörungen haben meist mit unserem »inneren Kind« zu tun. Denn es ist frühkindliches Verhalten, auf Ärger und Leid mit Essensverweigerung oder mit Hineinstopfen zu reagieren. Stopfen und Hungern sind kompensatorische Leistungen, über die das Kind als erstes verfügt. In Krisensituationen greife ich auf die Muster meiner primitiven Abwehr zurück. Nein, Saint-Exupérys Säufer ist keine Ausnahme, er hat in uns millionenfache Komplizen in unterschiedlichsten Suchtbereichen.

Den Kleinen Prinzen bedrückt das Schicksal des Säufers. Er spürt offensichtlich Sympathie zu ihm. Denn auch der Säufer ist ein Mensch. Er hat eine Geschichte. Er war einmal liebesfähig. Vor allem aber wäre ihm zu helfen. So gesehen tun wir gut daran, den Begriff »Sucht« aus dem düsteren klinischen Umfeld des Pathologischen herauszunehmen und das Suchtverhalten als eine allgemeine Gefährdung, Krisenanfälligkeit und Warnzeichen unserer Seele zu verstehen. Wo immer ich in ein süchtiges Verhalten verfalle, entferne ich mich von meinem Selbst, gehe ich lieblos mit mir um.

Ich hätte also die Frage an mich zu richten: *Bin ich wirklich suchtfrei? Wo liegt meine Disposition zur Sucht? Was verdecke ich mit ihr?* Der Begriff »Sucht« stammt etymologisch aus dem gotischen »siukan«, was »krank sein« bedeutet. So wurde früher auch das alte Wort »siech«, für »krank« verwendet. Süchtig können wir uns mit allem machen – mit Arbeit, Helfen (Helfersucht), Beziehung (Beziehungssucht), Süßigkeiten, Essen, Trinken, Rauchen, Sex, Automatenspielen, Lotto, Stricken, Lesen, Fernsehen, Telefonieren, Internet-Surfen, Autofahren, Kratzen. So entstehen Eifersucht, Geltungssucht, Habsucht, Ich-Sucht, Darstellungssucht und viele Süchte mehr. *Nicht die Droge ist's,* sagt der bekannte Arzt und Suchttherapeut Walther H. Lechler, *sondern der Mensch.*

Der Säufer im Kleinen Prinzen hat sich hinter seine Flaschen wie in einer Wagenburg verschanzt. Doch süchtiges Verhalten ist durchaus nicht nur an Drogen gebunden. Der klinisch-psychologische Fachbegriff meint die klassische, meist stoffgebundene Sucht. Es gibt aber auch den Alltagsbegriff der Sucht von der Streit-Sucht bis zur Macht-Sucht. Süchtig sind wir, wenn wir gegenüber einer Substanz oder gegenüber einer schädigenden Verhaltensweise machtlos sind. Vom Mountain-Bike bis zur Religion kann schlicht alles süchtig machen.

Hinter der Sucht steckt Sehnsucht. Es ist die Sehnsucht nach dem Leben und der Liebe. Die Droge oder das süchtige Verhalten sind nur die Ersatzstoffe hierfür. Sie werfen mich auf mich selbst zurück und machen mich einsam wie unseren armen Säufer. Der Säufer hat eine Chance, wenn er nur will. Diese Chance haben wir alle. Dazu muß ich aber zuerst bedingungslos kapitulieren, eine schonungslose Inventur über das Ausmaß meiner Abhängigkeit erstellen. Ich muß meine Grandiositätsphantasien ablegen und mir demütig Hilfe holen. *Es ist,* um ein Wort der Anonymen Alkoholiker zu variieren, *keine Schande süchtig zu sein, es ist eine Schande, nichts dagegen zu tun.*

Überall gibt es private und professionelle Hilfe. Was dann auf mich wartet, ist ein langer, schmerzhafter, aber befreiender Prozeß.

Letztlich hat der Säufer in Saint-Exupérys Erzählung den Sinn seines Lebens verloren. In der Krise der Sucht liegt die Chance, die Suche nach diesem Sinn wieder neu aufzunehmen. Der Süchtige ertrinkt förmlich in seinem Schamgefühl. Exakt diese Schamgefühle zementieren die Sucht. *Weil* er sich schämt, wird der Suchtkranke nicht trocken. Erst wenn er beginnt, Entstehung und Verlauf seiner Sucht zu erinnern, nachzufühlen und durchzuarbeiten, vermag er die Schamgefühle hinter sich zu lassen, die Gründe seiner existentiellen Unzufriedenheit auszuloten und aus dem »Schlafwagen« seines unglücklichen Lebenstrottes wieder herauszukommen. Sucht ist auch eine Sinnkrankheit.

Wessen Leben sinnlos geworden ist, der flüchtet mit Suchtmitteln oder mit Suchtverhalten in die Illusion. Hat er sich dagegen erfolgreich wieder in der Realität verankert, im Beruf, in der familiären Fürsorge oder im sozialen Engagement, im Sport, musischer Betätigung oder handwerklicher Schaffensfreude, so braucht er die Krücken, die Sucht, nicht mehr. Er kann sie wegschmeißen. Saint-Exupérys apathischer Säufer mit seinen bedenklichen Leberwerten und haltlosem Gestammel stünde nun plötzlich mit leuchtenden Augen, körperlich straff und mit einem faszinierenden neuen Aufgabenfeld vor uns ...

Der Kleine Prinz demonstriert uns übrigens, um diesen nicht unwichtigen Aspekt zu erwähnen, beispielhaft, wie ich mit einem Suchtkranken umgehen muß: *Und der kleine Prinz verschwand bestürzt.* Wie das? Wie kann man einen Kranken nur im Stich lassen? Würde ich nicht an seiner Stelle dem Säufer gut zureden, ihm die Flaschen verstecken, vielleicht etwas schimpfen, mit Liebesentzug drohen, lange Vorträge halten und bei ihm ausharren, auch wenn ich dabei buchstäblich vor die Hunde ginge? Dieses Verhalten bedeutete jedoch die berüchtigte Co-Abhängigkeit: das unheilvolle Verstricktsein in das System des Suchtkranken. So werde ich zu seinem Komplizen. Solange ich mit Zureden und Toben, theatralischen Auftritten und Ihn-beim-Chef-entschuldigen bei dem Abhängigen bleibe, solange kann er weiter seiner Sucht frönen. Erst wenn ich gehe, bzw. ihn mit aller Glaubwürdigkeit und Härte vor die Alternative stelle, Entzug oder Ende der Beziehung, nötigt ihn möglicherweise der Leidensdruck zum Aufbruch. Das nennt man in der Suchttherapie »Hilfe durch Nichthilfe«.

Weil wir als Kinder zu unserer Sehnsucht stehen und sie aussprechen, sind wir zu diesem Zeitpunkt weniger suchtgefährdet. Gegen die Sucht hilft nur die Rückkehr zu unserer kindlichen Seele. Wieder einmal ist der Kleine Prinz erschüttert: *Die großen Leute sind entschieden sehr verwunderlich,* sagt er zu sich auf seiner Reise.

Wenn mich die Sucht vereinsamen läßt, so sollte ich mir die Gnade einer Gruppe gönnen. Im Zusammenhang von Alkoholiker-Selbsthilfegruppen hat Richard

Beauvais vor Jahrzehnten schon etwas über die grundsätzliche Erlösung des Menschen durch die Gruppe formuliert: *Wir sind hier, weil es letztlich kein Entrinnen vor uns selbst gibt. Solange der Mensch sich nicht selbst in den Augen und Herzen seiner Mitmenschen begegnet, ist er auf der Flucht. Solange er nicht zuläßt, daß seine Mitmenschen an seinem Innersten teilhaben, gibt es für ihn keine Geborgenheit. Solange er fürchtet, durchschaut zu werden, kann er weder sich selbst noch andere erkennen – er wird allein sein.*

Wo können wir einen solchen Spiegel finden, wenn nicht in unserem Nächsten? Hier in der Gemeinschaft kann ein Mensch erst richtig klar über sich werden und sich nicht mehr als Riesen seiner Träume oder den Zwerg seiner Ängste sehen, sondern als Menschen, der – Teil eines Ganzen – zu ihrem Wohl seinen Beitrag leistet.

In solchem Boden können wir Wurzeln schlagen und wachsen; nicht mehr allein – wie im Tod –, sondern lebendig als Mensch unter Menschen.

Haben oder Sein

Irgendwo sind wir vom Weg abgekommen. Der menschliche Ameisenhaufen ist reicher als je zuvor. Wir verfügen über mehr Wohlstand und mehr Freizeit, und doch mangelt es uns an etwas ganz Entscheidendem ... Wir fühlen uns weniger menschlich; irgendwo haben wir unsere geheimnisvollen Vorrechte verloren.

Saint-Exupéry

Kennst du, liebe Leserin, lieber Leser, den Satz von dir, *Ich glaube, ich arbeite mich noch zu Tode*? Falls ja, gehörst du vielleicht auf den vierten Planeten. Das ist der des Geschäftsmannes.

Auch hier verblüfft wieder die Botschaft der Eingangsszene: *Dieser Mann war so beschäftigt, daß er bei der Ankunft des kleinen Prinzen nicht einmal den Kopf hob.* Den Kopf hebt er übrigens die ganze Zeit nicht. Man kann nicht einmal sicher sein, ob er überhaupt Augenkontakt mit dem Kleinen Prinzen aufnimmt.

Gerade haben wir mit dem Prinzen den Planeten des Alkoholsüchtigen verlassen, so müssen wir uns schon wieder mit einem Suchtkranken herumschlagen. Der neue Mann ist gleich mehrfach süchtig – besitzsüchtig und arbeitssüchtig. Er rechnet und rechnet und rechnet. Die Zigarette, wohl seine dritte Sucht, ist im Mundwinkel ausgegangen. Dieser Geschäftsmann wünscht keine Fragen. Er rechnet. Er will nicht einmal verraten, was genau er zählt. *Ich bin ein ernsthafter Mann, ich gebe mich nicht mit Kindereien ab.*

Der Kleine Prinz, der viel konsequenter ist als wir und *niemals in seinem Leben auf eine Frage verzichtete, die er einmal gestellt hatte,* bohrt weiter. Der Kaufmann wird sauer. Das ist jetzt bereits die dritte Störung in vierundfünfzig Jahren, mault er. Der Mann kennt wirklich nur seine Arbeit. Der erste Störenfried war, das meint der Geschäftsmann allen Ernstes, ein Maikäfer, also ein Stück hübscher, brummender Natur. Unser Pfennigfuchser hat jedoch nur den *schrecklichen Lärm* bemerkt und *in einer Addition vier Fehler gemacht.* Das zweite Mal war es ein Anfall von Rheumatismus: *Es fehlt mir an Bewegung.* Lieber wird dieser Mensch krank, als spazierenzugehen oder zu schwimmen oder sich an Wanderungen zu freuen: *Ich habe nicht Zeit, herumzubummeln.*

Der Geschäftsmann zählt *Millionen von diesen kleinen Dingern, die man manchmal am Himmel sieht.* Er will partout nicht auf deren Namen kommen, er hat ja *nicht Zeit zu Träumereien.* Es sind die Sterne. Was er mit fünfhundert Millionen Sternen macht, fragt mit entwaffnender Logik der Kleine Prinz. Die Antwort kommt prompt: *Nichts. Ich besitze sie.* Jetzt stellt der Kleine Prinz die entscheidende Frage: *Und was hast du vom Reichsein?* Der Sternenmillionär antwortet tautologisch, also sinnlos: *Weitere Sterne kaufen, wenn jemand welche findet.*

Niemand kam vor dem Geschäftsmann auf die Idee, die Sterne zu besitzen. Er hat sich – geschäftstüchtig wie er ist – das Patent darauf geben lassen. Was soll man aber bloß mit Sternen machen, die Milliarden von Lichtjahren entfernt sind? Der Geschäftsmann verwaltet sie: *Ich zähle und zähle sie wieder.* Das will dem Kleinen Prinzen nicht einleuchten. Einen Seidenschal kann man, so überlegt er, um den Hals wickeln und eine Blume kann man pflücken und mitnehmen. Das alles kann man mit Sternen nicht. Der Geschäftsmann widerspricht: *Nein, aber ich kann sie in die Bank legen. Das heißt, daß ich die Zahl meiner Sterne auf ein kleines Papier schreibe. Und dann sperre ich dieses Papier in eine Schublade.* Der Prinz verblüfft: *Und das ist alles?* Der Geschäftsmann: *Das genügt.*

Der Kleine Prinz, der sich seinen Schneid nicht abkaufen läßt, beurteilt den Raffzahn realistisch: *Der da . . . denkt ein bißchen wie mein Säufer.* Seine Lebensphilosophie, so der Prinz, *ist nicht ganz ernst zu nehmen.*

Mit beiden Urteilen hat das strahlende Kind Recht. Dieser Geschäftsmann ist nicht fleißig, sondern arbeitssüchtig. Er hängt an der Droge Arbeit wie ein Junkie an der Nadel. Freizeit ist ein Fremdwort für ihn. Er ist gesprächslos, kontaktlos, fühllos. Was dieser Arbeitsjunkie wohl mit seiner Sucht verdrängen mag?

Wir wissen es nicht. Ist es die Sehnsucht nach Lebendigkeit und Liebe? Wir wissen aber, daß sich die Therapie mit Arbeitssüchtigen schwierig gestaltet. Die Arbeitssucht ist eine ungewöhnliche, weil gesellschaftlich akzeptierte Sucht. Sie erhält die höchste soziale Anerkennung. Wer wird schon einen erfolgreichen Menschen als süchtig bezeichnen wollen? Es kommt der Umstand hinzu, daß die hochindustrialisierten Gesellschaften krankmachende, arbeitssüchtige Züge tragen. Ganze Institutionen und Firmen sind arbeitssüchtig konstelliert.

Anne Wilson-Schaef und Diane Fassel konstatieren in ihrem Buch *Suchtsystem Arbeitsplatz: Die Gesellschaft, in der wir leben, braucht Süchte, und ihr eigentliches Wesen unterstützt Süchte. Es fördert Süchte, weil die Person, die am besten an die Gesellschaft angepaßt ist, weder tot noch lebendig ist, sondern einfach betäubt wie ein Zombie. Wenn man tot ist, kann man seine Arbeit für die Gesellschaft nicht leisten. Ist man vollkommen lebendig, wird man zu vielen Prozessen in der Gesellschaft nein sagen: zum Rassismus, zur verschmutzten Umwelt, der atomaren Bedrohung, dem Waffenwettstreit, dem Trinken unsauberen Wassers und der Aufnahme krebserregender Nahrung. Folglich liegt es im Interesse der Gesellschaft, für Dinge zu werben, die die Spannung beseitigen, die uns dazu bringen, uns mit unserem »Fix« zu beschäftigen, und die uns kaum spürbar »betäuben« und zu Zombies werden lassen. Konsequenterweise fördert die Gesellschaft nicht nur Süchte, sondern funktioniert selbst wie Süchtige.*

Als Arbeitssüchtiger habe ich meine Gefühle eingefroren. Ich verdränge Angst, Ärger, Sorge und Wut. Ich bin spirituell bankrott. Oft bezahle ich als Arbeitssüchtiger meine chronische Überforderung mit dem Leben, gleichgültig ob ich ein Manager, ein Fabrikarbeiter oder eine perfektionistische Hausfrau bin. *Wenn ich nicht arbeite wie ein Verrückter,* gestand mir einmal ein Patient, *werde ich depressiv.*

Der ach so tüchtige Geschäftsmann ist aber letztlich auch nicht ernst zu nehmen, wie der Kleine Prinz kommentiert: Weil er den Sinn des Lebens verfehlt. Der Psychologe Erich Fromm beschreibt in seinem Werk *Haben oder Sein* (1979) die katastrophalen Folgen der blanken Geldideologie. Für Geld verkaufen wir sogar unsere Mutter Erde: *Wir waren im Begriff, Götter zu werden, mächtige Wesen, die eine zweite Welt erschaffen konnten, wobei uns die Natur nur die Bausteine für unsere neue Schöpfung zu liefern brauchte. Unser Eroberungsdrang und unsere Feindseligkeit haben uns blind gemacht für die Tatsache, daß die Naturschätze begrenzt sind und eines Tages zur Neige gehen und sich die Natur gegen die Raubgier der Menschen zur Wehr setzen wird.*

Die Haben-Orientierung ist nach Fromm charakteristisch für den Menschen der Industriegesellschaft, in welcher die Jagd nach Geld, Ruhm und Macht das Zentrum des Lebens ausmacht. Wir müssen uns, sagt Fromm, entscheiden, ob wir die Existenzweise des Habens oder die Existenzweise des Seins wählen.

Was heißt das? Der »Haben-Mensch«, wie unser Geschäftsmann, ist vom Verarmungswahn besessen. Er traut der Welt und den Menschen nicht. Er verläßt sich nur auf das, was er besitzt. Er hat keine lebendige Beziehung zu seinen Besitztümern. Im Gegenteil, er läßt sich von den materiellen Dingen manipulieren. Sein Stoffwechsel zur Welt ist mausetot. Fromm: *In der Existenzweise des Habens findet der Mann sein Glück in der Überlegenheit gegenüber anderen, in seinem Machtbewußtsein und in letzter Konsequenz in seiner Fähigkeit zu erobern, zu rauben und zu töten.* Wird der Haben-Mensch krank, so denkt er nicht über sein krankes Sein nach, sondern reagiert materialistisch als Besitzer: Bei einem Rheumaknie – fordert er ein künstliches Kniegelenk! Herzunregelmäßigkeiten soll ein

Schrittmacher und eine kranke Niere soll eine künstliche heilen!

Wer sich von morgens bis abends um das Haben Sorge macht, wie der Sterneverwalter im Märchen, der muß sich vor jeder Veränderung fürchten, vor der Zugluft der Freiheit, auch wenn es nur die Flügel eines Maikäfers wären. Was der Geschäftsmann nötig hätte, wäre, ein »Seins-Mensch« zu werden. Der Seins-Mensch vertraut, wie Fromm so schön formuliert, *daß er ist, daß er lebendig ist und daß etwas Neues entstehen wird, wenn er nur den Mut hat, loszulassen und zu antworten.*

Der Seins-Mensch liebt, er ist voller Freude an seinen geistigen und materiellen Potenzen, seinen produktiven Fähigkeiten, seinem lebenden Einssein mit der Welt. Er ist mit vielen Menschen verbunden. Saint-Exupéry sagt einmal: *Es gibt nur einen wirklichen Luxus, den der menschlichen Beziehungen.* Der Seins-Mensch liebt die Freiheit, die offene Zukunft, die Überraschung. Er läßt sich nicht von der manischen Beschäftigung mit den Gelddingen terrorisieren. Er hält es eher mit Nietzsche in *Also sprach Zarathustra: Wer wenig besitzt, wird um so weniger besessen.*

Der Seins-Mensch besitzt die Fähigkeit, wo immer er ist, ganz gegenwärtig zu sein, die Freude aus dem Geben und Teilen zu schöpfen, nicht aus dem Horten und der Ausbeutung anderer. Saint-Exupéry sagt in *Die Stadt in der Wüste: Je mehr du gibst, um so mehr verbleibt dir.*

Der Seins-Mensch liebt die Liebe und Ehrfurcht vor dem Leben. Er ist, worauf Fromm hinweist, imstande, *den eigenen Narzißmus zu überwinden und die tragische Begrenztheit der menschlichen Existenz zu akzeptieren.* Er vermag *sich eins zu fühlen mit allem Lebendigen und daher das Ziel aufzugeben, die Natur zu erobern, zu unterwerfen, auszubeuten, zu vergewaltigen und zu zerstören, und statt dessen zu versuchen, sie zu verstehen und mit ihr zu kooperieren.* Der Seins-Mensch verfügt damit über sich und die Welt als ein Eigentum besonderer Art.

Geld ist ein Tausch- und Transportmittel menschlichen Fleißes, mehr nicht. Das hat schon Karl Marx festgestellt. Tatsächlich nehmen wir mit der Geldsucht, die seit dem »Wirtschaftswunder« krankhaft metastasierte, Schaden an unserer Seele. Saint-Exupéry hat diesen Gedanken in seinem gesamten erzählerischen und reflexiven Werk in immer neuen Variationen entfaltet und einen positiven Gegenentwurf sinnerfüllter Arbeit entwickelt. In *Wind, Sand und Sterne* mahnt der Dichter: *Die Größe eines Berufes besteht vielleicht vor allem anderen darin, daß er Menschen zusammenbringt. Es gibt nur eine wahrhafte Freude: den Umgang mit den Menschen ... Wenn wir nur für Geld und Gewinn arbeiten, bauen wir uns ein Gefängnis und schließen uns wie Klausner ein. Geld ist nur Schlacke und kann nicht schaffen, was das Leben lebenswert macht.*

Wer der Profitgier huldigt, seiner Arbeitswut und rücksichtslosen Konzentration auf sein Geschäft, der degeneriert zum Ungeheuer. Arbeit erfüllt sich nicht allein im Geldertrag, sie transzendiert auf ein anderes. In *Die Stadt in der Wüste* sagt Saint-Exupéry: *Wenn ich dir ein abgerundetes Vermögen schenkte, so wie es bei einer unerwarteten Erbschaft der Fall ist, worin würde ich dich dann bereichern? ... Reicher wirst du nur durch das, das du verwandelst, denn du bist Same.*

Der fliegende Poet, der selbst seine teilweise hohen Tantiemen sorglos verlebte und mit seinen vielen Freunden teilte, war mit jeder Faser seines Körpers und seiner Seele ein Seins-Mensch: *Sollte ich die Summe der Stunden ziehen, die in meinem Leben zählen, so finde ich gewiß nur solche, die mir kein Vermögen der Welt je verschafft hätte,* erinnert er sich in *Wind, Sand und Sterne.* Denn: *Der Nachtflug mit seinen hunderttausend Sternen, die lichte Heiterkeit, das Herrengefühl für einige Stunden lassen sich für Geld nicht kaufen. Das Wiedererleben der Erde nach einem schweren Flug, die Bäume, die Blumen, die Frauen, deren Lächeln wie neugefärbt ist durch das Leben, das uns mit dem Morgen neu geschenkt wurde, dieses Allerlei von kleinen Dingen, die unser Lohn sind, auch sie lassen sich nicht für Geld erwerben.*

Für den Kleinen Prinzen sind die Sterne noch Sterne und keine spekulativen Kapitalanlagen. Er weiß noch nichts vom Dax, von Hausse und Baisse, von Börsencrash, Risikokapital und Termingeschäften. Aber er besitzt eines, was viel wichtiger ist – er hat ein Bewußtsein vom verpflichtenden Nutzen des Besitzes: *»Ich besitze eine Blume, die ich jeden Tag begieße. Ich besitze drei Vulkane, die ich jede Woche kehre. Denn ich kehre auch den Erloschenen. Man kann nie wissen. Es ist gut für meine Vulkane und gut für meine Blume, daß ich sie besitze. Aber du bist für die Sterne zu nichts nütze ...« Der Geschäftsmann öffnete den Mund, aber er fand keine Antwort.*

Der neurotische Laternenanzünder

> Der ist ein Narr, der sich an der Vergangenheit die Zähne ausbricht, denn sie ist ein Granitblock und hat sich vollendet. Bejahe den Tag, wie er Dir geschenkt wird, statt Dich am Unwiederbringlichen zu stoßen.
>
> *Saint-Exupéry*

Der fünfte Planet erweist sich als der kleinste von allen. Er ist gerade groß genug, um einer Straßenlaterne und einem Laternenanzünder Platz zu bieten. Offensichtlich ist dieser Mensch eine kleine, reduzierte Persönlichkeit. Unserem Besucher kommt die Sache von Anfang an nicht ganz geheuer vor: *Der kleine Prinz konnte sich nicht erklären, wozu man irgendwo im Himmel, auf einem Planeten ohne Haus und ohne Bewohner eine Straßenlaterne und einen Laternenanzünder braucht.*

Aber es kommt noch seltsamer. Der Kleine Prinz fragt den Laternenanzünder, warum er seine Laterne eben ausgelöscht hat. *Ich habe die Weisung,* antwortet der Laternenanzünder, *die Weisung, meine Laterne auszulöschen.* Im gleichen Moment zündet er sie wieder an. Fragt der Kleine Prinz erneut: *Aber warum hast du sie soeben wieder angezündet?* Antwortet der Anzünder: *Das ist die Weisung.* Dem Kleinen Prinzen geht es wie uns. Er versteht das Hin und Her nicht. *Da ist nichts zu verstehen,* kommentiert der Anzünder, *die Weisung ist eben die Weisung.*

Sein Leben verbringt der Mann damit, im Minutentakt eine Laterne zu löschen und wieder anzuzünden.

Jetzt enthüllt ihm der Laternenanzünder sein furchtbares Geheimnis: *Ich tue da einen schrecklichen Dienst. Früher ging es vernünftig zu. Ich löschte am Morgen aus und zündete am Abend an. Den Rest des Tages hatte ich zum Ausruhen und den Rest der Nacht zum Schlafen ... Der Planet hat sich von Jahr zu Jahr schneller und schneller gedreht, und die Weisung ist die gleiche geblieben ... Und jetzt, da er in der Minute eine Umdrehung macht, habe ich nicht mehr eine Sekunde Rast. Jede Minute zünde ich einmal an, lösche ich einmal aus!*

Was für ein Wahnsinn! Dem Mann kann doch geholfen werden. Der Kleine Prinz springt seinem Gastgeber mit einem klugen Rat bei. Guter Dialektiker, der er ist, meint er: *Man kann treu und faul zugleich sein.* Der Kleine Prinz schlägt vor: *Dein Planet ist so klein, daß du mit drei Sprüngen herumkommst. Du mußt nur langsam genug gehen, um immer in der Sonne zu bleiben. Willst du dich ausruhen, dann gehst du ..., und der Tag wird so lange dauern, wie du willst.* Da antwortet der neurotische Laternenanzünder: *Das hat nicht viel Witz, was ich im Leben liebe, ist der Schlaf. Dann ist es aussichtslos,* meint der Kleine Prinz. *Aussichtslos,* sagt der Anzünder.

Tatsächlich ist unser Laternenanzünder, dieser Zwangstäter, nicht einmal unsympathisch. Immerhin ist er voller Hingabe an eine Sache. Der Kleine Prinz stößt dann auch einen Seufzer des Bedauerns aus und sagt sich: *Er ist der einzige, den ich zu meinem Freund hätte machen können. Aber sein Planet ist wirklich zu klein. Es ist nicht Platz für zwei ...*

Wie ein Galeerensklave an seine Bank ist der Laternenanzünder an seine »Weisung« gekettet. Er hat weder Raum noch Zeit für eine Zweierbeziehung. Der neurotische Laternenanzünder symbolisiert, so scheint mir, den Zwanghaften in uns. Was für eine hübsche kleine Welt hätte er doch, wenn er sie zu genießen verstände: Tausendvierhundertvierzig Sonnenuntergänge und nochmal tausendvierhundertvierzig Sonnenaufgänge an einem einzigen Tag!

Wer hat dem Laternenanzünder eigentlich die Weisung gegeben? Wer hat diese Weisung, als sie längst unsinnig wurde, nicht korrigiert? Der Laternenanzünder weiß es nicht mehr. Er hat es vergessen. Aber er folgt gedankenlos dem bloßen Wortsinn dieser uralten Weisung. »Dienst ist Dienst«, denkt unser Mann wohl, »ich lebe, um zu arbeiten«, »Pflicht ist Pflicht« ...

Der Mann wagt nicht mehr, die Frage nach dem Sinn seines Tuns und Seins zu stellen. Er ist unbelehrbar. Er ist unfähig zur Wandlung. Sein Ich erfüllt sich in der sturen Befolgung einer anachronistisch gewordenen Weisung. Er pervertiert Treue und Pflicht. Wie unter einem hypnotischen Zwang befolgt er das längst sinnlos gewordene Ziel. Er lebt nicht, er wird gelebt. Er ist das Opfer seiner Neurose, seiner Wahrnehmungs- und Handlungsverzerrung. Seine hohe Fähigkeit zu Engagement und hinreißender Verläßlichkeit stellt er in den Dienst einer falschen Sache. In der Unrast seiner sinnentleerten Arbeit verliert er die Sonne und Poesie seines Planeten.

Was fast noch schlimmer ist – mit seinem monotonen Jammern und Schuften läßt der Laternenanzünder den Planeten seiner Seele zusammenschrumpfen; es ist nicht Platz für zwei. Er bleibt einsam im Teufelskreis seiner wirren Geschäftigkeit. Was er im Leben liebt, bekennt der Neurotiker, das ist einzig der Schlaf. Er meint dabei seine Schläfrigkeit. Nur ja nichts anpacken! Nur ja nicht aus dem psychodynamischen Sumpf des verrotteten alten Lebens aufbrechen und das Neue wagen! Nur ja nicht die trügerische Sicherheit aufgeben und durch alle Ängste des Übergangs hindurch die Neugeburt wagen! Seine Lage ist aussichtslos, behauptet der Anzünder. Das stimmt. Weil er nichts tut. Weil er sein falsches Leben nicht in Frage stellt. Weil er seinen Hintern nicht hochkriegt.

Dieser Zwangsneurotiker erinnert mich an eine Anekdote: Ein Mann sitzt im Bummelzug. Bei jeder Station steckt er den Kopf zum Fenster hinaus. Er liest den Ortsnamen und stöhnt entsetzlich. Nach vier oder fünf Stationen fragt ihn sein Gegenüber besorgt: »Tut Ihnen etwas weh?« Da antwortet der Mann: »Ich fahre in die falsche Richtung.« Der Gegenüber: »Warum steigen Sie denn nicht aus?« Der Mann: »Aber hier ist es so schön warm.«

Ich könnte mir vorstellen, daß der neurotische Laternenanzünder sein Amt und seine Weisung von seinem Vater erhalten hat oder von einer Behörde. Ideale, die uns von den Eltern, von Erziehern oder Kirchenfunktionären eingehämmert wurden, können sich als neurotische Weisungen entpuppen. »Du darfst nicht lügen«. Das stimmt, wenn es nicht zur absoluten, rigiden Formel erhöht wird. Natürlich gibt es Situationen im Erwachsenenleben, wo wir zur barmherzigen Lüge greifen, wo wir diplomatisch lügen sollten.

»Du darfst nie einen Menschen verlassen!« Stimmt das? Haben Frauen und Männer, die sich für einen Neuaufbruch entscheiden, nicht das Recht, nach reiflicher Überlegung und vielen Quälereien, die Treue zu sich selbst über die in die Brüche gegangene Beziehungstreue zu setzen?

»Du mußt Deinem Arbeitgeber treu sein!« Stimmt das noch, wenn ich ausgenutzt werde?

Weisungen, die absolut sind oder sich überlebt haben, können mich terrorisieren. Nichts hemmt mich mehr am Leben als falsch gewordene Weisungen und destruktive Ideale der Vergangenheit. Ich habe mir Meinungen, Ideologien, grobe Vereinfachungen und Fanatismus in Sachen Moral, Benimm, Essen, Trinken, Wohnen und Sexualität, Beziehung und Arbeit überstülpen lassen. Jetzt leide ich darunter, daß ich mit meinem Eigen-Sinn in diesen Fremdbotschaften nicht vorkomme.

Oft habe ich mich bis zur Unkenntlichkeit angepaßt und meine eigene Sehnsucht verraten, meine Wünsche verdrängt. In der Transaktionsanalyse, die die in der Kindheit entstandenen »Regieskripte« für das spätere Leben untersucht, bezeichnet man die verinnerlichten Weisungen der Kindheit und Jugend als »Bann-Botschaften«. Es ist wie mit dem Mann im Zug. Der Mann weiß, daß er im falschen Zug sitzt. So wird er sein Ziel nie erreichen. Er entfernt sich sozusagen Minute und Minute immer mehr von sich selbst, aber es ist so schön warm und gemütlich. Den falschen

Lebenszug zu verlassen und sich in eine neue Richtung auf den Weg zu machen – das kostet Entschlußkraft und Mühe. Davor scheue ich zurück. Wie heißt der alte therapeutische Spruch: *Der Neurotiker zieht das bekannte Unglück dem unbekannten Glück vor.*

Die Bann-Botschaften aus der Kindheit überziehen das Leben mit eisigem Rauhreif und lassen oft mein weiteres Wachstum erstarren. Neurotische Laternenanzünder, so will es mir scheinen, sind wir alle mehr oder weniger. Unsere Bann-Botschaften lauten etwa: »Du schaffst das nie!« Oder: »Tu das nicht, Du bist viel zu dumm dazu«, »Ein Junge weint nicht«, »Sei perfekt«, »Setz Dich selbst an die letzte Stelle«. Diese Botschaften treiben uns einerseits zu verblüffenden Leistungen an wie alle Peitschenschläge des Neurotischen. Aber sie enden oft in seelischen Sackgassen. Durch das Drehbuch des neurotischen Lebensskripts verlerne ich die Fähigkeit, mich selbst zu leben und auf meine innere Stimme zu achten. In diesem spezifischen Sinn meinte Nietzsche in *Der Wille zur Macht: Man muß die Moral vernichten, um das Leben zu befreien.*

Wer sich entwickeln will, der tut gut daran, die eigenen früheren Bann-Botschaften zu entschlüsseln. Hinter meinen Lebenshemmungen stecken diese Ängste und überholten Selbstbilder, die mich festlegen und mich dazu veranlassen, Teile meines Selbst zu unterdrücken. Wenn ich den Alltagstrott meiner enervierenden Laternenknipserei einmal verlasse, kann ich das Verleugnete in mir wiedergewinnen: Begabung, Freiheit, Neugier, Mut, Sexualität, Wagnis.

Ich kann mich ändern. Nur Laternenanzünder bleiben stehen. Es ist widersinnig, in einem sich ununterbrochen zellular verändernden Körper seelisch stehen zu bleiben. Wie ein Hamster rotiere ich im Tretrad fremder Weisungen und versäume wie der Laternenanzünder die tausendvierhundertvierzig blutroten Sonnenuntergänge und die tausendvierhundertvierzig verheißungsvollen Sonnenaufgänge!

Die Janusköpfigkeit der Wissenschaft

> Wie kann man den Menschen eine geistige Bedeutung, eine geistige Unruhe wiedergeben; etwas auf sie herniedertauen lassen, was einem gregorianischen Gesang gleicht! ... Man kann nicht mehr leben von Politik, von Bilanzen, von Kreuzworträtseln. Man kann es nicht mehr. Man kann nicht mehr leben ohne Poesie, ohne Farbe, ohne Liebe. Wenn man bloß ein Dorflied aus dem 15. Jahrhundert hört, ermißt man den ganzen Abstieg ... Zwei Milliarden Menschen hören nur noch auf den Roboter, verstehen nur noch den Roboter, werden selber zu Robotern.
>
> *Saint-Exupéry*

Der sechste Planet ist *majestätisch,* zehnmal so groß wie der des bedauernswerten Laternenanzünders. Sein Mieter ist ein stattlicher Herr: *Er war von einem alten Herrn bewohnt, der ungeheure Bücher schrieb.* Er gibt sich als ein Geograph aus. *Endlich ein richtiger Beruf!,* sagt erleichtert der Kleine Prinz. Doch er muß rasch feststellen, daß es mit der Seriosität des Wissenschaftlers so eine Sache ist. Denn natürlich will er von einem Geographen wissen, ob sein Planet auch schön ist und ob es da auch Ozeane gibt. Der Geograph outet sich jedoch als Ignorant. Das heißt, er formuliert es vornehmer. *»Das kann ich nicht wissen«, sagte der Geograph.* Nicht ohne den professoralen Stolz des »reinen« Wissenschaftlers bekundet er: *Nicht der Geograph geht die Städte, die Ströme, die Berge, die Meere, die Ozeane und die Wüsten zählen. Der Geograph ist zu wichtig, um herumzustreunen. Er verläßt seinen Schreibtisch nicht.*

Unser Wissenschaftler spricht nur von Beweisen und, modern gesprochen, von Kausalität. Die Gegenstände seiner Untersuchung sind ihm egal. Er ist ein heilloser akademischer Stubenhocker, ein Fachidiot, vollgestopft mit unfruchtbarem Spezialistenwissen. Das Leben und die lebendige Erfahrung sind diesem »Forscher« nicht nur unwesentlich, sondern sogar verdächtig.

Das macht Saint-Exupéry an einer glänzenden erzählerischen Vignette sichtbar. Er läßt den Geographen sein Registrierbuch aufschlagen, seinen Bleistift spitzen und ganz »forschungsgeil« nach dem Planeten des Kleinen Prinzen fragen: *»Oh, bei mir zu Hause«, sagte der kleine Prinz, »ist nicht viel los, da ist es ganz klein. Ich habe drei Vulkane. Zwei Vulkane in Tätigkeit und einen erloschenen. Aber man kann nie wissen.« »Man weiß nie«, sagte der Geograph. »Ich habe auch eine Blume.« »Wir schreiben die Blumen nicht auf«, sagte der Geograph. »Warum das? Sie sind das Schönste!« »Weil die Blumen vergänglich sind.«*

Unter den kalten Augen des Geographen erstarrt die Welt zur Leblosigkeit. Ihr Atem, ihre Bewegung, ihre Entwicklung, ihre innere Dynamik und Widersprüchlichkeit interessieren ihn nicht. Exupéry kritisiert hier, in der Begegnung des unverfälschten Kindes mit einer seelenlosen Wissenschaft, die Denkrichtung des Abendlandes seit der Aufklärung. Sie hat oft der »logique du coeur«, der »Logik des Herzens«, den Garaus gemacht. Das »Projekt Moderne«, wie es die großen Denker seit der Zeit der Renaissance und des erstarkenden Bürgertums entwickelten, richtete sich auf die totale Beherrschbarkeit und Vernutzung der Natur im Dienste der Wissenschaft.

Ob Kopernikus, Gallileo oder Newton, die Entdekker des modernen kosmischen Weltbildes und der Mechanik des Himmels, ob der englische Arzt Harvey, der Entdecker des menschlichen Blutkreislaufes, oder Montesquieu, der Theoretiker der bürgerlichen Gewaltenteilung, ob Linné, der Systematiker der Pflanzenfamilien, ob italienische Banker mit der Erfindung des bargeldlosen Geldverkehrs oder Bergwerksingenieure, ob Mathematiker oder Philosophen – sie alle betrieben das »Projekt Moderne«: Mit dem Licht der Aufklärung suchten sie den Erdball taghell auszuleuchten und seine Geheimnisse restlos aufzuhellen. Sie führten einen Siegeszug des Wissens gegen Dunkelmänner und mittelalterliche Scholastik. Sie begründeten eine humanere neuere Welt. Sie wollten der Not, dem Hunger, der Unwissenheit ein Ende bereiten. Ja, sie meinten, wie nicht wenige Forscher unserer Tage, die Krankheiten und damit möglicherweise den Tod selbst überwinden zu können.

René Descartes, gestorben 1650, markiert besonders jene geistesgeschichtliche Zäsur zwischen Mittelalter und Neuzeit. Der französische Philosoph beschwor mit seinem Existenzbeweis »cogito ergo sum«, »ich denke, also bin ich«, den Imperativ der Moderne. Weil der Mensch ein denkendes Wesen ist, kann er sich zum *Herrn und Meister der Natur* erheben. Voraussetzung ist, daß er die Natur so nüchtern wie eine Maschine analysiert und benutzt. Descartes legte hohen Wert auf eine durchsichtige wissenschaftliche

Methode des Denkens, die logisch-mathematische Beweisführung. Methodologisch begründete er damit den Geist der Wissenschaft.

Den menschlichen Leib definierte Descartes strikt rationalistisch und mechanistisch. Er sprach von der *Maschine unseres Körpers* und bezeichnete die Tiere als gefühllose *Automaten,* als die wir sie ja auch in den Laboren quälen. Wenn der menschliche Körper eine Maschine ist, so ist er folglich nach der Analogie einer Maschine zu verstehen, zu zerlegen und auch wieder zu reparieren. Als einer der bedeutendsten Philosophen der Moderne verbannte Descartes damit die Seele aus dem Leib. Alle Lebensvorgänge unterwarf er der bedingungslosen Herrschaft des Kausalitätsprinzips. Drei Jahrhunderte später konnte so ein bedeutender Wissenschaftler wie der deutsche Zellularpathologe Rudolf Virchow ebenso folgerichtig wie einseitig erklären, er habe Tausende von Körpern seziert und nie eine Seele gefunden ...

Man sieht, was die »cartesianischen« Wissenschaftler und Saint-Exupérys bienenfleißiger Geograph praktizieren, ist einerseits eine Revolution des Denkens. Sie verbannt den Irrationalismus aus der Betrachtungsweise der Welt und des Menschen. Die gewaltigen Fortschritte der Wissenschaften von der Dampfmaschine bis zur Atomspaltung(!), von der Elektrizität bis zum Penicillin, basieren auf diesem nüchternen Denkansatz des Kausalprinzips. Das ist die Vorderseite der Wissenschaft. Ihre Rückseite ist, daß sie oft den Menschen aus dem Auge verliert. Sie läßt Ganzheitlichkeit, Geistigkeit und vor allem Verantwortung vermissen: Hiroshima und Tschernobyl bilden das Menetekel des technologischen Wahnsinns.

Natürlich plädiert Saint-Exupéry nicht für den Verzicht auf Geographie oder auf die Wissenschaften. Der Dichter gibt uns jedoch die Janusköpfigkeit der Wissenschaft zu bedenken. Sie hat, wie der römische Gott Janus, zwei Gesichter, ein dem Betrachter zugewandtes und ein ihm abgewandtes. Die Sonnenseite ist ihre schneidende Vernunft, Klarheit und Praktikabilität, die Rückseite ihre ökologische Weltvergessenheit und potentielle Vernichtungsqualität.

Friedrich Nietzsche hat diese Ambivalenz der Wissenschaft scharfsinnig analysiert. Bewundernd spricht er in *Menschliches, Allzumenschliches: Das Beste in der Wissenschaft ist die scharfe Luft.* Er hält gleichzeitig in *Über Wahrheit und Lüge im außermoralischen Sinne* kritisch fest: *Die Wissenschaft geht an dem großen leidenden Menschen mit unbarmherziger Kälte vorüber.* Vor allem aber gibt Nietzsche, und hier kommt unser Geograph ins Spiel, in *Morgenröte* zu bedenken: *Die Wissenschaft ist bisher durch die moralische Beschränktheit ihrer Jünger zurückgeblieben.*

Mit dem Besuch bei dem Geographen hat der Kleine Prinz seine außerirdische Planetenreise beendet. Es wird deutlich: *Wir* sind diese Planetarier. Wir sind, um mit dem höflichen Prinzen zu sprechen, *sehr, sehr wunderlich.* Das Fazit könnte lauten: In mir gilt es, den Herrschsüchtigen, den eitlen Egozentriker, den Suchtkranken, den kalten Geschäftsmann, den weisungsgebundenen Zwangsneurotiker und den Wissenschaftler ohne Liebe aufzudecken. Dieser Verwahrlosung meiner Seele muß ich ein Stück meines göttlichen Kindes und seiner kachelofenwarmen Menschlichkeit entgegensetzen.

Da sage keiner, der Mensch sei durch Gene, Erziehung und Umwelt rettungslos determiniert und zum Bösen gleichsam verdammt. Das ist sowohl auf der rationalen wie auf der emotionalen Ebene falsch. Immanuel Kant betont: *Selbstdenken heißt: den obersten Probierstein der Wahrheit in sich selbst, das ist, in seiner eigenen Vernunft suchen; die Maxime, jederzeit selbst zu denken, ist die Aufklärung.* Und: *Der Gerichtshof ist im Innern des Menschen aufgeschlagen.*

Aber auch emotional bleibt jedem ein Freiraum für persönliche Gestaltung. Jedermann ist, in gewissen Grenzen, für seinen Charakter und seine Lebensführung verantwortlich. Er kann seinen Stil und seine Gesinnung abändern, da er, freudianisch gesprochen, nicht allein durch Triebe, das »Es« und durch seine Vergangenheit bestimmt ist. Überholt sind die alten »Besitz-Psychologien«, die den Menschen aus Erbmasse, Konstitution, Begabungen und Talenten total konstruieren wollen. Der Menschenkenner und Individualpsychologe Alfred Adler pflegte zu sagen: »*Es kommt nicht darauf an, was einer mitbringt, sondern darauf, was er daraus macht*«.

Saint-Exupéry kennt sehr wohl die Mechanismen, die aus uns Herrschsüchtige, Egozentriker, Zwanghafte, Süchtige, Materialisten und Fachidioten machen. Er will nicht verurteilen, sondern verstehen.

Der Dichter sagt uns in *Wind, Sand und Sterne: Du*

alte Beamtenseele … Nie hat dir jemand den Weg ins Freie gezeigt, und du kannst nichts dafür. Du hast dir deinen Frieden gezimmert, indem du wie die Termiten alle Luken verschlossen hast, durch die das Licht zu dir drang und durch die du zum Licht schautest. Du hast dich eingerollt in bürgerliche Sicherheit … Du hast dies bescheidene Bollwerk aufgerichtet gegen Sturm und Flut und Gestirne. Du willst dich nicht mit großen Fragen belasten; du hattest genug zu tun, dein Menschentum zu vergessen. Du fühlst dich nicht als Bewohner eines Sterns, der durch den Weltraum irrt, du stellst keine Fragen, auf die du keine Antwort bekommst; … Als es noch Zeit war, hat keiner dich mitzureißen versucht; nun ist der Lehm, aus dem du gemacht bist, eingetrocknet und hart, das verborgene göttliche Spiel in dir wird nie zum Klingen erwachen: tot ist der Dichter, der Musiker, der Sternenforscher, die vielleicht auch in dir einst gewohnt haben.

Die Entdeckung der Langsamkeit

Zeit ist Geld.
Benjamin Franklin

Den Geographen hat der Kleine Prinz gefragt, wohin er gehen soll: *»Auf den Planeten Erde«, antwortete der Geograph, »er hat einen guten Ruf...«* Nun ja, vom Planeten des Geographen aus gesehen, nimmt sich unsere Mutter Erde, die wie eine himmelblaue Murmel im All schwebt, allerliebst aus. Außerdem: *Die Erde ist nicht irgendein Planet! Man zählt da hundertelf Könige, wenn man, wohlgemerkt, die Negerkönige nicht vergißt, siebentausend Geographen, neunhunderttausend Geschäftsleute, siebeneinhalb Millionen Säufer, dreihundertelf Millionen Eitle, kurz – ungefähr zwei Milliarden erwachsene Leute.* Nicht zu vergessen *eine ganze Armee von vierhundertzweiundsechzigtausendfünfhundertelf Laternenanzündern...*

Doch schon die ersten Schritte des Kleinen Prinzen auf dem großen Planeten stimmen ihn nachdenklich. Er ist auf den Kontinent Afrika gefallen, mitten in die Wüste Sahara. Das erste lebendige Wesen, das er trifft, ist die Schlange. Von ihr erhält er gleich zwei wichtige Lehren. *»Wo sind die Menschen?«*, fragt der Kleine Prinz: *»Man ist ein bißchen einsam in der Wüste...«* Die Schlange antwortet: *»Man ist auch bei den Menschen einsam.«*

Die Menschen selbst sind sich oft die schlimmste Wüstenei. Ausgerechnet Bismarck, der »Eiserne Kanzler«, bekannte 1881 in einer Rede: *»Wer von uns hat nicht in seinem Leben den Eindruck gehabt, daß man nirgends einsamer ist als in einer Stadt von ein paar Mal Hunderttausend Einwohnern, von denen man keinen Menschen kennt! Man ist im einsamsten Walde nicht so einsam.«*

Der Arzt Paracelsus nannte die Einsamkeit ein *tückisches Gift*. Erich Kästner beschrieb in seinem Gedicht *Kleines Solo* die Einsamkeit als bittere Prüfung:

Einsam bist du sehr alleine.
Aus der Wanduhr tropft die Zeit.
Stehst am Fenster. Starrst auf Steine.
Träumst von Liebe. Glaubst an keine.
Kennst das Leben. Weißt Bescheid.
Einsam bist du sehr alleine –
und am schlimmsten ist die Einsamkeit zu zweit.

Die Schlange gibt dem Kleinen Prinzen aber noch eine zweite wichtige Botschaft, nämlich die von der Endlichkeit und dem Tod des Menschen. Der Kleine Prinz unterschätzt zunächst das im Staub kriechende Geschöpf: *Du bist nicht sehr mächtig ... Du hast nicht einmal Füße ... Du kannst nicht einmal reisen ...* Dann stutzt er: *»Ich kann dich weiter wegbringen als ein Schiff«, sagte die Schlange. Sie rollte sich um den Knöchel des kleinen Prinzen wie ein goldenes Armband. »Wen ich berühre, den gebe ich der Erde zurück, aus der er hervorgegangen ist«, sagte sie noch ... »Du tust mir leid auf dieser Erde aus*

Granit, du, der du so schwach bist. Ich kann dir eines Tages helfen, wenn du dich zu sehr nach deinem Planeten sehnst.« Hier taucht zum ersten Mal der Gedanke vom Tod als Erlösung auf. Während im christlichen Paradiesmythos die Schlange als Fleischwerdung des Teufels gesehen wird, macht der Dichter sie zur anrührenden Erscheinung der Hoffnung. Er nimmt mit der erlösenden Schlange dem Tod den Höllenschrecken der alten dogmatischen Drohbotschaft der Amtskirche.

Es folgt die Begegnung des Kleinen Prinzen mit dem Weichensteller. Obwohl diese Passage, wieder einmal, so schwingend und leicht erzählt ist, birgt sie im Kern ein kostbares Stück Kulturphilosophie. Rufen wir uns die Episode zunächst einmal ins Gedächtnis:

»Was machst du da?« sagte der kleine Prinz.

»Ich sortiere die Reisenden nach Tausenderpaketen«, sagte der Weichensteller. »Ich schicke die Züge, die sie fortbringen, bald nach rechts, bald nach links.« Und ein lichterfunkelnder Schnellzug, grollend wie der Donner, machte das Weichenstellerhäuschen erzittern.

»Sie haben es sehr eilig«, sagte der kleine Prinz. »Wohin wollen sie?«

»Der Mann von der Lokomotive weiß es selbst nicht«, sagte der Weichensteller.

Und ein zweiter blitzender Schnellzug donnerte vorbei, in entgegengesetzter Richtung.

»Sie kommen schon zurück?« fragte der kleine Prinz . . .

»Das sind nicht die gleichen«, sagte der Weichensteller. »Das wechselt.«

»Waren sie nicht zufrieden dort, wo sie waren?«

»Man ist nie zufrieden dort, wo man ist«, sagte der Weichensteller.

Und es rollte der Donner eines dritten funkelnden Schnellzuges vorbei.

»Verfolgen diese die ersten Reisenden?« fragte der kleine Prinz.

»Sie verfolgen gar nichts«, sagte der Weichensteller. »Sie schlafen da drinnen oder sie gähnen auch. Nur die Kinder drücken ihre Nasen gegen die Fensterscheiben.«

»Nur die Kinder wissen, wohin sie wollen«, sagte der kleine Prinz. »Sie wenden ihre Zeit an eine Puppe aus Stoff-Fetzen, und die Puppe wird ihnen sehr wertvoll, und wenn man sie ihnen wegnimmt, weinen sie ...«

»Sie haben es gut«, sagte der Weichensteller.

Wir Erwachsenen schlagen die Zeit tot. Das hat der philosophische Weichensteller erkannt. Bis zu dreihundert Milliarden Mark geben wir allein in Deutschland jährlich dafür aus, die Wochenend- und Ferienzeit mit tausend Formen organisierter Betriebsamkeit zu vertreiben: Wir *vertreiben* die Zeit. Das Paradoxe ist, wir machen uns dabei noch mehr Streß. *Alles steht bereit für ein Leben in Bequemlichkeit, mit Tempo und Spaß,* registriert der Schriftsteller Saul Bellow: *Aber dann gibt es etwas in uns allen, das fragt: Und was jetzt? Und was dann? Da sitzt man also im Club Méditerranée – aber was dann? Nirgends mehr gibt es einen Ruhepunkt. Wir erleben eine Form des Leidens, das wir gar nicht mehr als Leiden erkennen, weil es in der Gestalt von Vergnügungen auftritt.*

Das Zeitmaß ergab sich jahrtausendelang aus den Rhythmen der Natur, aus der regelmäßigen Wiederkehr des Gleichen. Tag und Nacht, Frühjahr, Sommer, Herbst und Winter, Ebbe und Flut, Morgendämmerung und Sonnenuntergang, Höchst- und Niedrigstand der Sonne, den Mondphasen. Die Ägypter hatten drei Jahreszeiten: Überschwemmung, Aussaat, Ernte. Ein Homer rechnete die Zeit nach Morgenröten, ein Cäsar nach Nachtwachen, die Ordensbrüder der Klöster nach Gebets- und Essenszeiten, die Bauern nach Fütterungs- und Melkzeiten. Man stand mit dem ersten Hahnenschrei auf und ging *mit den Hühnern* zu Bett. Der Übergang von diesem natürlichen und zyklischen Zeitmaß zu einem abstrakt-maschinellen Zeitverständnis bildete eine der tiefsten Umwälzungen der Menschheitsgeschichte.

Ausgangspunkt der Zeitrevolution war die Erfindung der mechanischen Uhr, die die temporalen Hilfsmittel der Sand-, Sonnen- und Wasseruhren ablöste. Unabhängig von den Witterungsverhältnissen oder Materialeinflüssen prägten die Präzisionsuhren der spätmittelalterlichen Handwerker die neue Epoche. Immer mehr wurden die industriellen Produktionsformen durch die mechanische Zeit statt durch den Rhythmus des Menschen oder die Natur bestimmt. Durch ihre mechanische Messung wurde die Zeit entnatürlicht. Sie ist kontingentierte, rationierte und kalkulierbare Zeit. Sie hat ihren Sitz zunächst an der städtischen Turmuhr und an der Stirnwand der Fabrik, heute auf dem digitalen Display der Armbanduhr. Sie läßt sich berechnen, planen und damit bewirtschaften, oder, wie Benjamin Franklin formulierte: *Zeit ist Geld*. Die Zeit hat ihre Unschuld verloren.

Die Zeitvergeudung wurde zur Sünde. Es dauerte mehrere Jahrhunderte, bis es Kirche und Staat, Handel, Industrie und Kommunalbehörden gelang, den Menschen den Zeitluxus des Mittelalters auszutreiben. Vor allem der Feiertagsrhythmus des christlichen Kalenderjahres war den »Zeitdieben der Moderne« ein Dorn im Auge. Zeitdisziplin wird, wie Benjamin Franklin in *Ratschläge für einen jungen Kaufmann (1748)* drohte, Pflicht: *Seitdem unsere Zeit einem Einheitsmaß unterworfen ist und des Tages Goldbarren zu Stunden gemünzt werden, wissen die Fleißigen aller Berufe, jede Minute zu ihrem Vorteil zu nutzen. Wer aber seine Zeit sorglos vertändelt, ist in Wahrheit ein Geldverschwender.*

Auch dies war eine Folge des cartesianischen *Projekt Moderne,* von dem wir gehört haben. Den Hintergrund bildete der Gedanke der totalen, mit hohem Tempo forcierten Nutzung der Welt und ihrer Ressourcen. Auch hier sehen wir eine Janusköpfigkeit des Fortschritts, diesmal des problematischen Zeitgewinns. Er ist zugleich Gewinn und Verlust.

Mit der Postkutsche brauchten unsere Vorfahren, sagen wir von Rügen bis Konstanz ungefähr zwei Wochen. Mit dem Auto schaffen wir das heute problemlos an einem Tag. Aber um diesen sensationellen Zeitgewinn zu realisieren, benötigen wir zuvor eine von uns präparierte, künstliche, ja geschundene Welt. Wir brauchen den Raubbau an den fossilen Brennstoffen. Wir verschmutzen die Luft. Wir lassen durch die Abgase unserer Autos und die Emissionen unserer Industrie die Wälder sterben.

Wo uns die Beschleunigung regiert und uns im Alltag schier die Luft wegnimmt, gewinnt ein panischer Gedanke von uns Besitz: Die Angst, etwas zu versäumen. Die Unruhe verfolgt uns. Verzweifelt bemühen wir uns, die Zeit in den Griff zu bekommen. Längst tut es der alte *blitzende Schnellzug,* der den Kleinen Prinzen noch beeindruckte, nicht mehr: Wir jagen inzwischen mit der Concorde im Überschalltempo in vier Stunden von Paris nach New York. Seminare für Zeitmanagement haben Konjunktur. Zeitknappheit ist ein gesellschaftliches Statussymbol: Je weniger Zeit ich habe, desto angesehener bin ich.

Bei Saint-Exupéry sind es die Kinder, die ihre Zeit selig verschwenden, indem sie sie an *eine Puppe aus Stoff-Fetzen* verwenden. Kinder kann man mit Zeitdruck richtig verrückt machen. In Michael Endes wundervollem Roman *Momo* heißt es über die Zeitmisere einmal: *Niemand schien zu merken, daß er, indem er Zeit sparte, in Wirklichkeit etwas ganz anderes sparte. Keiner wollte es wahrhaben, daß das Leben immer ärmer, gleichförmiger und immer kälter wurde. Deutlich zu fühlen jedoch bekamen es die Kinder, denn auch für sie hatte niemand mehr Zeit. Aber Zeit ist Leben. Und das Leben wohnt im Herzen. Und je mehr die Menschen daran sparten, desto weniger hatten sie.*

Der Kleine Prinz hat alle Zeit auf Erden. In *Momo* schäumen die *Zeitdiebe* folgerichtig vor ohnmächtigem Zorn über die Opposition der Kinder: *Kinder sind unsere natürlichen Feinde. Wenn es sie nicht gäbe, wäre die Menschheit längst ganz in unserer Gewalt. Kinder lassen sich sehr viel schwerer zum Zeit-Sparen bringen als andere Menschen.*

Die Wahrheit des Kleinen Prinzen geht uns also alle an. Das Drama mit der Zeit ist nicht einfach nur eine schnurrige Arabeske unserer modernen Kauzigkeit. Sie bedroht uns ernsthaft, psychologisch und ökologisch. Wir müssen unsere Verwobenheit mit der Welt der Pflanzen und Tiere akzeptieren und wieder unsere Einbindung in die Rhythmen des Lebens lernen. Müssen wir im Sommer Skifahren? Benötigen wir in jedem Fall nächtliche Schichtarbeit? Ist das Arbeiten bei künstlichem Licht immer notwendig? Kommen wir nicht ohne Klimaanlagen aus? Ist das Frühstücksfernsehen unverzichtbar? Läßt es sich wirklich nicht ohne Ladenöffnungszeiten an Sonn- und Feiertagen leben?

Es geht um die *Entdeckung der Langsamkeit.* Wenn ich mehr Zeit für mich nehme, so sagt uns Saint-Exupéry, betrete ich wieder meine kindlichen Paradiese. Ich löse mich zugleich von der lächerlichen Wahnvorstellung, das Leben ginge ohne mich nicht weiter. Zeit zu haben, zu pausieren, bedeutet in einem tieferen Sinne, mich auf die Zeit nach dem Tod vorzubereiten, in der es mich nicht mehr geben wird. Das ist die letzte philosophische Dimension des wahren Umgangs mit der Zeit.

Wieviel die Zeit mit der Fähigkeit zur Freundschaft und der Liebe zu tun hat, diese Erfahrung hat der Kleine Prinz noch vor sich. Wir Erwachsenen aber wissen, wie sehr wir uns selbst zu Opfern einer falschen Zeitauffassung machen. Der von den Nazis 1945 ermordete Theologe der Bekennenden Kirche, Dietrich Bonhoeffer, formulierte das ergreifend:

Da Zeit das Kostbarste,
weil unwiederbringlichste Gut ist,
über das wir verfügen,
beunruhigt uns bei jedem Rückblick
der Gedanke etwa verlorener Zeit.
Verloren wäre die Zeit,
in der wir nicht als Mensch gelebt,
Erfahrungen gemacht,
gelernt, geschaffen, genossen
und gelitten hätten.

Das Hohelied der Freundschaft

> Eigenartigerweise kann ein Mann immer
> sagen, wieviel Schafe er besitzt,
> aber er kann nicht sagen, wieviel Freunde er hat,
> so gering ist der Wert, den wir ihnen beimessen.
> *Sokrates*

Das Wundersamste, was der Kleine Prinz und damit der Pilot erfahren, ist zu begreifen, was Freundschaft und Liebe sind. Generationen von Menschen tragen inzwischen Saint-Exupérys Schlüsselsätze dieser Erfahrungen in sich. Kaum ein Gebildeter, der diese zu Zitaten in der Weltliteratur gewordenen Sätze nicht auswendig kennt.

Beginnen wir, dem Weg des Kleinen Prinzen folgend, mit der Freundschaft. Vor allem Männer tun sich, wie der Pilot und sein kindliches Ich, mit Freundschaften schwerer als Frauen. *Ein Freund, ein guter Freund / das ist das Beste, was es gibt auf der Welt,* so tremolierten die Comedian Harmonists in den 30er Jahren: *Ein Freund bleibt immer Freund / und wenn die ganze Welt zusammenfällt / drum sei auch nie betrübt, wenn der Schatz Dich nicht mehr liebt. / Ein Freund, ein guter Freund, das ist der höchste Schatz, den's gibt.*

Eine demoskopische Untersuchung ergab vor einigen Jahren, daß von zehn deutschen Männern über vierzig Jahren nur einer auf einen Freund verweisen kann (aber neun von zehn Frauen haben eine beste Freundin). Wenn ich in therapeutischen Männergruppen meine Geschlechtsgenossen auf das Thema

Männerfreundschaft anspreche, reden sie oft von *»Kumpeln«*. Sie meinen damit meist Sportkameraden, Kegelbrüder, Parteigenossen, Saufkumpane. Intimes klammern Männer untereinander gern aus. Beruf, Sport, Autos und Politik sind die favorisierten, weil neutralen, Themen zwischen ihnen. Männer neigen dazu, in ihren emotionalen Steppenlandschaften miteinander zu konkurrieren. Sie gebärden sich oft als emotionale Sparschweine. Männer mißtrauen und fürchten einander und haben gleichzeitig Sehnsucht nacheinander. Aber lieber bleiben Männer ohne Männerfreundschaft, als ihre schützende Fassade aufzugeben. Daß sie damit auch auf die Chance einer ganzheitlichen, weichen und zugewandten Männlichkeit verzichten, spüren sie zwar, verdrängen es jedoch rasch.

Zärtlichkeit zwischen Männern wird oft als *homosexuell* denunziert. Frauen können ungleich leichter andere Frauen emotional lieben. Sie mögen es auch, sich zu berühren. Frauen bekommen keine Panik, wenn sie dabei auch einmal eine sanfte erotische Lust verspüren. Eine Frau schwärmt zum Beispiel über eine andere: »Das ist eine schöne Frau!« Sie tut das mit Wohlgefallen, ohne Häme. So ein Satz »Das ist ein schöner Mann« käme kaum einem Mann über die Lippen. Igitt, ekelhaft und verdächtig!

Männer, das stelle ich in meinen Männerseminaren fest, verarmen ohne Freund seelisch. Der Arzt Stuart Mill, zeitweiliger Leiter des berühmten psychotherapeutischen Esaleninstituts in Kalifornien, bestätigt das in seinem Buch *Männerfreundschaft:*

Im Laufe der Jahre ignorieren Männer einfach den Schmerz über die Einsamkeit. Sie verdrängen, daß ihre Bindungen an Männer schwächer werden, ihre männlichen Freunde sie zunehmend desillusionieren und daß sie Schuldgefühle über den eigenen Verrat an anderen empfinden. Sie haben zum Teil resigniert. Wir schrauben unsere Erwartungen herunter. Je älter wir werden, desto mehr finden wir uns damit ab, daß wir unter Männern keine Freunde haben. Natürlich, Männer erinnern sich an andere Zeiten, als sie dachten, sie hätten sie, wenn sie zum Eid der Musketiere in ihrer Jungenphantasie die Schwerter erhoben. Als sie, vielleicht bis in die Studentenzeit hinein, noch wenigstens einen anderen Mann hatten, mit dem sie tief verbunden waren. Mit einem Lächeln erinnern wir uns alle.

Der Kleine Prinz begegnet dem Fuchs. Es ist ein Fenek, ein Wüstenfuchs, wie ihn Saint-Exupéry auf Cap Juby oft sah. Der Kleine Prinz ist entzückt. Auch das gibt es – tief verschwiegen – unter Männern, die Verzauberung des ersten Blicks: *»Wer bist du?« sagte der kleine Prinz. »Du bist sehr hübsch ...«* Der Fuchs stellt sich vor: *»Ich bin ein Fuchs«*. Der Freund ist ein anderer Mensch. Das ist das Befremdliche und das Aufregende zugleich. In dieser Fremdheit des Freundes erfahren wir das, was wir selbst nicht leben oder vielleicht nicht zu leben wagen: Einfallsreichtum, Frechheit, musischer Sinn, Sportlichkeit, Zartheit, Robustheit... Mit einem Freund füllen wir schöpferisch die Zeit und nehmen Abschied von Einsamkeit und Trauer: *»Komm und spiel mit mir«, schlug ihm der kleine Prinz vor. »Ich bin so traurig ...«.*

Da sagt der Fuchs etwas Erstaunliches: *»Ich kann*

nicht mit dir spielen. Ich bin noch nicht gezähmt!« Offensichtlich kann man nicht übergangslos einen Menschen zum Freund machen und mit ihm gemeinsam aktiv werden. In einer Freundschaft scheint es nötig zu sein, daß wir uns gegenseitig *zähmen.* Jetzt will es der Kleine Prinz genau wissen: *Was heißt »zähmen«?* Der kluge Fuchs verrät ihm das Mysterium der Freundschaft:

»Zähmen, das ist eine in Vergessenheit geratene Sache«, sagte der Fuchs. »Es bedeutet: sich ›vertraut machen‹ ... Noch bist du für mich nichts als ein kleiner Junge, der hunderttausend kleinen Jungen gleicht. Ich brauche dich nicht, und du brauchst mich ebensowenig. Ich bin für dich nur ein Fuchs, der hunderttausend Füchsen gleicht. Aber wenn du mich zähmst, werden wir einander brauchen. Du wirst für mich einzig sein in der Welt. Ich werde für dich einzig sein in der Welt ...«

Der französische Philosoph Blaise Pascal hat einmal gesagt: *Ein Tropfen Liebe ist mehr als ein Ozean an Wille und Verstand.* Darum geht es in der Freundschaft. Sie ist die Poesie des Alltags. Sie verbindet uns mit der Welt. Ziel und Sinn des menschlichen Lebens bestehen in der Entwicklung der dem Menschen innewohnenden eigentümlichen Wesensgesetze, die ihrer Struktur nach auf Freundschaft und Solidarität angelegt sind. *Nichts stelle ich, wenn ich gesunden Sinnes bin, einem zärtlichen Freund gleich,* bekannte der Dichter Horaz, gestorben 8 v. Chr. Der Philosoph Michel de Montaigne rief seinem 1563 gestorbenen Freund Etiènne de la Boetie die Worte nach: *Wenn man in mich dringt zu sagen, warum ich ihn liebte, so fühle ich, daß sich dies nicht aussprechen läßt. Ich antworte dann: Weil er so war; weil ich ich war.* Voltaire bekannte: *Ein guter Freund ist mehr wert als aller Ruhm dieser Welt.* Sein zeitweiliger Dienstherr, der Preußenkönig Friedrich II. kam nie über das Trauma hinweg, daß sein sechsundzwanzigjähriger Freund Hans Herrmann von Katte 1730 vor seinen Augen auf Befehl des königlichen Vaters in Küstrin hingerichtet wurde. Er klagte noch im Alter: *Einen wahren Freund halte ich für eine Himmelsgabe.*

Freundschaft ist erfüllte Zeit und eine Art Liebesgeschichte, meint der Fuchs: »*Ich langweile mich ... ein wenig. Aber wenn du mich zähmst, wird mein Leben wie durchsonnt sein. Ich werde den Klang deines Schrittes kennen, der sich von allen anderen unterscheidet. Die anderen Schritte jagen mich unter die Erde. Der deine wird mich wie Musik aus dem Bau locken. Und dann schau! Du siehst da drüben die Weizenfelder? Ich esse kein Brot. Für mich ist der Weizen zwecklos. Die Weizenfelder erinnern mich an nichts. Und das ist traurig. Aber du hast weizenblondes Haar. Oh, es wird wunderbar sein, wenn du mich einmal gezähmt hast! Das Gold der Weizenfelder wird mich an dich erinnern und ich werde das Rauschen des Windes im Getreide liebgewinnen.*«

Der Kleine Prinz entpuppt sich diesmal als ziemlich unreif. Auf die erneute Bitte des Fuchses, ihn zu zähmen, antwortet er: »*Ich möchte wohl, aber ich habe nicht viel Zeit. Ich muß Freunde finden und viele Dinge kennenlernen.*« Da gibt ihm der Fuchs eine schneidende Replik, die sich jeder von uns aufschreiben und über den Schreibtisch seiner Arbeitssucht hängen sollte: »*Man kennt nur die Dinge, die man zähmt*«, *sagte der Fuchs. »Die Menschen haben keine Zeit mehr, irgend etwas kennenzulernen. Sie kaufen sich alles fertig in den Geschäften. Aber da es keine Kaufläden für Freunde gibt, haben die Leute keine Freunde mehr. Wenn du einen Freund willst, so zähme mich!«*

Noch immer hat der Kleine Prinz die Sache mit der Freundschaft nicht ganz begriffen. Er ist so harthörig wie wir. Was man denn beim Zähmen konkret tun müsse, will er wissen. Der Fuchs: *»Du mußt sehr geduldig sein ... Du setzt dich zuerst ein wenig abseits von mir ins Gras. Ich werde dich so verstohlen, so aus dem Augenwinkel anschauen, und du wirst nichts sagen. Die Sprache ist die Quelle der Mißverständnisse. Aber jeden Tag wirst du dich ein bißchen näher setzen können ...«*

Das ist es: In einem langen Prozeß des Vertrauens Stück um Stück aneinander näherrücken. Zugewandt sein. Schweigen können. Manchmal schwätzen wir auch zu viel. Wir zerreden die Freundschaft. Wir müssen sie greifbar machen. Sie muß uns, wörtlich gesprochen, er-greifen. Manchmal wird die Sprache, das leere Reden, zur Quelle aller Mißverständnisse, weil wir aneinander vorbeireden und das Unsagbare nicht mehr mit unserem Körper und Blick ausdrücken. Hier ist schweigendes Praktizieren der Freundschaft gefragt. Der Philosoph Ludwig Wittgenstein endet sein Fundamentalwerk *Tractatus-logico-philosophicus* mit dem berühmten Schlußsatz: *Wovon man nicht sprechen kann, darüber muß man schweigen.*

Der Kleine Prinz ist eminent lernfähig wie alle Kinder. Also macht er den Fuchs *mit sich vertraut.* Als die Stunde des Abschieds naht, bekennt der Fuchs zur schmerzlichen Verblüffung des Kleinen Prinzen: *»Ich werde weinen.«* War die Freundschaft zwischen Fuchs und Prinz also ein Verlustgeschäft? Fast sieht es so aus. *So hast du also nichts gewonnen,* meint der Kleine Prinz zum Fuchs: *»Ich habe«, sagte der Fuchs, »die Farbe des Weizens gewonnen.«* Das will sagen: Wer liebt, macht sich reich, aber auch verletzbar. *Liebe,* sagt Nietzsche in *Unschuld des Werdens, ist die Größte aller Qualen. Aber die Liebe ist zugleich auch die Größte aller Freuden.*

In der Freundschaft mit dem Fuchs findet sich der Kleine Prinz aber auch bis in den Zauber seines weizenblonden Haares widergespiegelt. Die Freundschaft hilft uns, uns selbst zu lieben und damit uns selbst zum Freund zu werden. Um freundschaftsfähig zu sein, müssen wir zuerst uns selbst Freund werden. In einem anonymen Text habe ich diese grundlegende psychologische Erkenntnis fugendicht formuliert wiedergefunden. Er trägt den Titel *Du brauchst einen Menschen:*

Du brauchst einen Menschen,
der dich respektiert,
akzeptiert und liebt.

Du kannst diesen Menschen
finden und kennenlernen.
Einen Menschen, der dich unterstützt,
lobt, ermutigt
und dir Vertrauen schenkt.
Einen Menschen,
der dich liebevoll behandelt.

Du brauchst einen Menschen,
der dir einen Weg zeigt,
ein leichteres, einfacheres
und glücklicheres Leben
zu führen.

Diesen Menschen gibt es.
Ganz in deiner Nähe.
Dieser Mensch
bist du.

Saint-Exupéry war ein Genie der Freundschaft. Sein Freund Ségogne nennt ihn: *Un gros tendre,* einen äußerst sensiblen Menschen: *Er hatte ein großes Bedürfnis nach Freundschaft, Wärme und Vertrauen, sagen wir, nach Zuneigung, ohne die seine Persönlichkeit sich nicht entfalten konnte.* Freundschaft braucht das Medium der Zeit und der gemeinsamen Aktivität. Eine Freundschaft ist ein Kunstwerk der Beziehungsarbeit. Sie verlangt Offenheit, Intimität, Hingabe, das Ausleben von Spannungen, Widersprüchen, Nähe und Distanz, Zulassen des Fremdartigen, vor allem aber bedingungslose Akzeptanz. Goethe beschreibt in seinen *Maximen und Reflexionen,* was das Lebenselixier männlicher Freundschaft ausmacht: *Freundschaft kann ich bloß praktisch erzeugen. Neigung, ja sogar Liebe hilft alles nichts zur Freundschaft. Die wahre, die tätige, die produktive Freundschaft besteht darin, daß wir gleichen Schritt im Leben halten, daß er meine Zwecke billigt, ich die seinigen, und daß wir so unverrückt zusammen fortgehen, wie auch sonst die Differenzen unserer Denk- und Lebensweise sein mögen.*

Saint-Exupéry hat eine eigene Schrift der »amicitia« gewidmet, *Bekenntnis einer Freundschaft.* Sie ist an seinen Freund León Werth, der, wie wir sahen, im Frankreich des Jahres 1941 bedroht ist, gerichtet und umfaßt zugleich den Gedanken der Freundschaft zu den Menschen der nationalen Schicksalsgemeinschaft: *Ich fühle Dich, der Du so sehr Franzose bist, zweifach in Todesgefahr: einmal weil Du Franzose und einmal, weil Du Jude bist. Ich fühle den ganzen Wert einer Gemeinschaft, die keinen Zwiespalt mehr duldet ... Für uns Franzosen von draußen handelt es sich in diesem Krieg darum, den Samen der Zukunft aus dem Zustand der Vereisung zu befreien, in den er durch die deutsche Invasion versetzt wurde. Es gilt, Euch da drinnen zu helfen. Es gilt, Euch für die Erde wieder frei zu machen, in der zu wurzeln Ihr das angestammte Recht habt. Ihr seid vierzig Millionen Geiseln. Immer sind es die Keller der Unterdrückung, in denen sich die neuen Wahrheiten vorbereiten: vierzig Millionen Ausgelieferte denken da drinnen über ihre neue Wahrheit nach.*

Saint-Exupéry gesteht hierin, wie sehr er die Freundschaft Léons braucht. Exupérys Freundschaftsbekenntnis ist berühmt geworden: *Ich bin aller Streite, aller Abschließungen, aller Glaubenswut so müde! Zu Dir kann ich kommen, ohne eine Uniform anziehen oder einen Koran hersagen zu müssen; kein Stück meiner inneren Heimat brauche ich preiszugeben. In Deiner Nähe habe ich mich nicht zu entschuldigen, nicht zu verteidigen, brauche ich nichts zu beweisen ... Wenn ich auch anders bin als Du, so bin ich doch weit davon entfernt, Dich zu beeinträchtigen; ich steigere Dich vielmehr.*

Exupéry sieht den Freund *so schwach, so bedroht.* Der

Dichter ist dankbar, daß er bei Léon die pure Essenz von Freundschaft erfahren darf: *Ich weiß Dir Dank dafür, daß Du mich so hinnimmst, wie ich bin. Was habe ich mit einem Freund zu tun, der mich wertet? Wenn ich einen Hinkenden zu Tische lade, bitte ich ihn, sich zu setzen und verlange von ihm nicht, daß er tanze.*

Liebe ist Knochenarbeit

Die Individuen selbst, die zusammenleben wollen, sind, oder genauer werden mehr und mehr die Gesetzgeber ihrer eigenen Lebensform, die Richter ihrer Verfehlungen, die Priester, die ihre Schuld wegküssen, die Therapeuten, die die Fesseln der Vergangenheit lockern und lösen. Aber auch die Rächer, die Vergeltung üben an erlittenen Verletzungen. Liebe wird eine Leerformel, die die Liebenden selbst zu füllen haben.

Ulrich Beck und Elisabeth Beck-Gernsheim

Wenn es schon mit der Freundschaft eine so komplizierte Geschichte ist, wie kompliziert steht es dann erst mit der Liebe? Saint-Exupéry selbst und seiner Frau Consuelo gelang es weder, ihre unglückliche Ehe zu ändern, noch sie zu beenden.

Der »Kleine Prinz« hat seine »Frau Rose« gekränkt verlassen, weil er ihre Zickigkeit nicht mehr auszuhalten vermochte. Verzweifelt und traurig waren sie beide über ihre Bindungsunfähigkeit. Die Rose *wollte nicht, daß er sie weinen sähe. Sie war eine so stolze Blume.*

Kein Zweifel, da ist eine Beziehung erst einmal gescheitert. Positiv könnte man es als eine »Trennung auf Probe« sehen. Dies empfehle ich als Paartherapeut oftmals Paaren, die sich in Haßliebe verstrickt haben. Der »Kleine Prinz« macht entscheidende Phasen des immer gleichen Liebesdramas durch. Ausgerechnet bei dem Geographen, diesem Dinosaurier von einem lieblosen Fachidioten, macht er eine schmerzliche Entdeckung. Er erfährt, daß auch seine

Rose *von baldigem Entschwinden bedroht* ist. Sein Herz wird ihm schwer: *Meine Blume ist vergänglich, sagte sich der kleine Prinz, und sie hat nur vier Dornen, um sich gegen die Welt zu wehren! Und ich habe sie ganz allein zu Hause zurückgelassen!*

In der Liebe begegnen wir der Vergänglichkeit der Lebensformen gleich auf doppelte Weise. Einmal ist naturgemäß jede Liebe begrenzt durch einen Anfang und ein Ende. Im besten Fall markiert der Tod das Ende, wenn zwei »in guten und schlechten Tagen« zusammengehalten haben. Das allein schon macht die Liebe zu einer anrührenden Erscheinung. Sie ist eine winzige Zeitinsel im Ozean des Nichts und der Endlichkeit alles Irdischen. Wie sehnsüchtig wünschen wir uns Liebenden meist, uns nach dem Tod in irgendeiner Form wieder zu begegnen. Und doch haben wir, bei allen spekulativen Lehren von der Anthroposophie über die christliche »Auferstehung des Fleisches« bis zum Reinkarnationsgedanken des Buddhismus, keine Gewißheiten.

Aber jede Liebe, wer wüßte das nicht, ist auch zu Lebzeiten bedroht, sei es durch unsere Unreife und Schwächen, durch Mesalliancen von Anfang an oder durch auseinanderstrebende Entwicklungsprozesse in der Beziehung. *Heiraten ist,* so lautet eine Bantu-Weisheit, *als stecke man eine Schlange in seine Tasche.* Lieben ist riskant. Liebe will gelernt sein, sonst stürzt man ab. Liebe ist, wie Bertold Brecht sagte, *eine Produktion.* Liebe ist Arbeit.

So hat der »Kleine Prinz« erst einmal seine Rose verloren. Da er liebt, fühlt er sich besonders einsam. Er durchläuft in Wahrheit, wie alle Liebenden, die Phase der Ent-Täuschung. Was will das besagen?

Es meint, daß wir zu Beginn der Liebe, im Honeymoon unserer rosaroten Träume, alles Aufregende, Edle, Schöne und Tiefe auf den Geliebten projizieren. Wir selbst sind es, die ihn/sie vergöttern, absolut setzen. Wir inszenieren eine große Täuschung, ein psychologisches Blendwerk. Natürlich stilisieren wir selbst uns dabei ebenfalls zum edlen Burgfräulein oder furchtlosen Ritter. Im Zauber der anfänglichen Liebe liegt ein beschwingter und beschwingender Narzißmus beider, eine Selbstüberhöhung, die bis zur Abschottung von der übrigen Welt führt. Wir stilisieren unsere Liebesbeute zur Traumfrau, zum Traummann ohne Makel.

Das ist gut so. Es stimuliert uns zu den grandiosen Übersprungsleistungen der jungen Liebe. Es läßt uns alle Widerstände aus dem Weg räumen und der Liebe ein Nest bauen. Genauso notwendig ist aber, am Ende dieses beschwipsenden Champagnerglücks, die Ernüchterung. Sie nimmt manchmal die Formen eines schweren Katers an. Da entdecken wir plötzlich eine ganze Seite von Negtivaspekten an unserem Gegenüber. Hier, in diesem erhellenden Prozeß der Ent-Täuschung, muß sich die Realität unserer Liebe beweisen, ihre Robustheit, Streitkultur und Krisenresistenz.

Denn vergessen wir nicht, die Ehe ist die krisengeschüttelte Branche schlechthin. Jede dritte deutsche Ehe wird inzwischen geschieden, in Großstädten ist es jede zweite. Die Frauen sind es, die rund zwei Drittel aller Scheidungen beantragen, weil sie die Nase voll haben von dem schlecht erfüllten Ehevertrag. Oft entscheidet sich bereits in dieser Phase der Desillusion, ob die Beziehung noch aufrecht erhalten wird. Denn die Ehen werden heute weder im Himmel geschlossen, noch müssen sie wie früher aus nackten wirtschaftlichen Zwängen heraus gußeisern aufrecht erhalten werden. Diese Zwänge haben in der Vergangenheit, hinter den stabil erscheinenden Steinfassaden der bürgerlichen Ehe, unendliches Leid geschaffen.

Heute ist, wie wir bereits früher sahen, das Leben eine *Bastelexistenz* auf einer *Baustelle* geworden. Alles ist in Bewegung geraten. Alles müssen Frau und Mann – und natürlich auch gleichgeschlechtliche Paare – untereinander und miteinander abstimmen und vereinbaren. Im Zweifelsfalle entscheiden sie sich für das Glück, nicht für die formale Bindung. Unsere Lebensläufe sind nicht mehr durch Tradition, Konfession, Landsmannschaft, Herkunft, Konventionen und Gruppendruck gehalten. Sie sind flexibilisiert, atomisiert, fragmentarisiert. An die Stelle tradierter Moral ist die »Konsensmoral«, die Vereinbarung mit dem Partner über Lebensstil, Sexualität, Familienplanung, Beruf etc. getreten. Das Soziologenpaar Ulrich Beck und Elisabeth Beck-Gernsheim konstatiert in *Das ganz normale Chaos der Liebe: Frauen und Männer sind heute auf Zwangssuche durch Ehe ohne Trauschein, Scheidung, Vertragsehe, Ringen um Vereinbarkeit von Beruf und Familie, Liebe und Ehe, um »neue« Mutterschaft und Vaterschaft, Freundschaft und Bekanntschaft hindurch, und das alles ist unwiderruflich in Bewegung geraten.*

Heute, am Ende eines langen Individualisierungsprozesses der Persönlichkeit durch Jahrhunderte hindurch, bestehen wir auf dem Gefühl der *Liebe* als Fundament der Beziehung. Wir begründen also, und das ist die Quelle unseres Glücks wie unserer Not, die langjährige Partnerschaft auf einem eher flüchtigen Gefühl. Denn die Liebe läßt sich unter keinen Umständen kommandieren.

Zur Ent-Täuschung und damit zum Reifeprozeß der Liebe zählt eine weitere Prüfung, die etwas mit der Polarität von *Bindung* und *Freiheit* zu tun hat. Aber schauen wir dazu dem Kleinen Prinzen über die Schulter. Nach einer langen Wanderung über Sand, Felsen und Schnee entdeckt er eine Straße, die wie alle Wege zu den Menschen führt:

»Guten Tag«, sagte er. Da war ein blühender Rosengarten.

»Guten Tag«, sagten die Rosen.

Der kleine Prinz sah sie an. Sie glichen alle seiner Blume.

»Wer seid ihr?« fragte er sie höchst erstaunt.

»Wir sind Rosen«, sagten die Rosen.

»Ach!« sagte der kleine Prinz . . .

Und er fühlte sich sehr unglücklich. Seine Blume hatte ihm erzählt, daß sie auf der ganzen Welt einzig in ihrer Art sei und siehe!, da waren fünftausend davon, alle gleich, in einem einzigen Garten!

Eben diese Wahrheit erfahren wir eines Tages, früher oder später. Mein über alles geliebter Mann ist ein ganz normaler männlicher Zweibeiner, lieb, klug, aber es gibt auch andere, vielleicht sogar attraktivere Männer als ihn. Meine über alles geliebte Frau ist schön und tüchtig, aber es gibt auch andere Frauen, vielleicht sogar schönere. Eigentlich, so sagen wir plötzlich bitter, gleicht mein Partner wie eine Rose der anderen, er ist »typisch Mann«, sie ist »typisch Frau«!

Oft entsteht an dieser kritischen Beziehungsnahtstelle auch die Sehnsucht nach einem anderen Partner, einem neuen Leben, ja, einer neuen Beziehungsrolle für sich selbst. Das tut weh. Wir haben uns für den Pol *Bindung* entschieden und dürsten nun nach der Freiheit. Wenn wir aber diesen Pol *Freiheit* rücksichtslos besetzen wollen, wo bleibt dann unsere *Bindung*, unsere vertraute Partnerschaft, die Kinder, das Haus, die Freunde?

Wieso können wir einen Menschen lieben, obwohl wir vom Kopf her wissen, daß er ersetzbar ist? Was macht denn die Liebe aus, wenn wir potentiell unendlich viele Männer bzw. Frauen lieben könnten? Wenn wir noch jung in der Liebe sind, wissen wir es nicht. Dann geht es uns bei der ersten Krise wie dem Kleinen Prinzen: *Ich glaubte, ich sei reich durch eine einzigartige Blume, und ich besitze nur eine gewöhnliche Rose. Sie und meine drei Vulkane, die mir bis an die Knie reichen und von denen einer vielleicht für immer erloschen ist, das macht aus mir keinen sehr großen Prinzen ... Und er warf sich ins Gras und weinte.*

Was wir uns bei dieser Liebeskrise des Kleinen Prinzen hinzudenken dürfen, ist die Reflexion über die Beziehung. Paare, die an diesem kritischen Punkt angelangt sind, sind gut beraten, das Geheimnis ihrer Partnerwahl zu ergründen. Die Frage lautet: *Warum habe ich geheiratet?* Im Falle der Rose und ihres Kleinen Prinzen haben sich augenscheinlich zwei bedürftige und kindliche Seelen in einer Art Notgemeinschaft zusammengetan. Ihr Verhältnis scheint etwas klebrig-symbiotisch, efeu- und klettenhaft, von der Seite des Kleinen Prinzen aus zu protektiv, überbehütend. Er macht aus der Beziehung eine Intensivstation. Er hält mit seinen penetranten caritativen Inszenierungen die Rose und sich selbst unmündig.

Die geheime Dramaturgie der Partnerwahlmotive ist ebenso extrem wie unerschöpflich. Jeder Mensch ist auf seine Weise mit einer guten Mitgift, aber auch mit einer Hypothek seiner Herkunft ausgestattet. Er meint, bei der Partnerwahl völlig frei zu wählen, und ist doch bis zu einem gewissen Grad abhängig von seinem Unbewußten. *Der Intellekt,* sagt Nietzsche, *ist ein Knecht des Willens.* Wir heiraten (oder gehen in Beziehungen), weil wir in der Seelenkälte unseres Elternhauses frieren und nach Nestwärme gieren. Wir heiraten, weil wir *einen Kerl, ein Weib* abbekommen wollen. Wir heiraten, um unser schwaches Ich aufzuwerten. Wir heiraten, um Verantwortung abzugeben. Wir heiraten, um versorgt zu werden. Wir heiraten, weil wir ein Kind wollen. Wir heiraten, weil wir in eine neue gesellschaftliche Schicht aufsteigen wollen. Wir heiraten, um unserer Einsamkeit zu entgehen. Wir heiraten, um eine geregelte Sexualität zu bekommen. Wir heiraten, weil wir nur so einen Hausbau finanzieren können. Wir heiraten, weil es beruflich unumgänglich scheint.

Wir heiraten und lieben aber auch, weil der Partner

notwendige, von uns selbst nicht gelebte Persönlichkeitsanteile besitzt. Er oder sie ist mutig, während ich ängstlich bin, gebildet, während ich nur eine Schmalspurausbildung besitze, phantasievoll, während ich karg und phantasielos bin. Dies alles wäre zu bedenken, um die Krise zu meistern und eine persönliche Entwicklung wie eine Paarevolution zu beginnen.

Nietzsche formulierte einmal sarkastisch: *Es sollte nicht erlaubt sein, im Zustande der Verliebtheit einen Entschluß über sein Leben zu fassen und einer heftigen Grille wegen den Charakter seiner Gesellschaft ein für allemal festzusetzen: Man sollte die Schwüre der Liebenden öffentlich für ungültig erklären und ihnen die Ehe verweigern: Weil man die Ehe unsäglich wichtiger nehmen sollte.*

Es gibt daher auch eine Reihe handfester diagnostischer Kriterien für das »Ausschleichen« einer Beziehung: Mangelnde Beziehungsgrundlagen. Geringe Einsatzbereitschaft, Illoyalität. Verunsicherung und Einengung. Respektlosigkeit. Verlorene Achtung. Einsame Entscheidungen. Geheime Pläne. Gravierende Unterschiede in der Lebensplanung. Fehlende Gemeinsamkeiten. Mangel an Humor. Körperliche Distanzierung. Finanzieller Verrat. Wo Liebende im Gegensatz dazu Entwicklung, Fülle, Vertrauen, Streitkultur und Zähigkeit realisieren, gemeinsames Engagement, Großzügigkeit, Witz und Lebensfreude finden und auch Krisen wie Außenbeziehungen, berufliche Rückschläge und Sorgen mit den Kindern meistern, da entsteht zwischen ihnen eine neue unsichtbare Qualität. Das ist es, was der Fuchs auf dem Höhepunkt der Erzählung dem Kleinen Prinzen eröffnet: *»Hier mein Geheimnis. Es ist ganz einfach: Man sieht nur mit dem Herzen gut. Das Wesentliche ist für die Augen unsichtbar.«*

»Das Wesentliche ist für die Augen unsichtbar«, wiederholte der kleine Prinz, um es sich zu merken.

»Die Zeit, die du für deine Rose verloren hast, sie macht deine Rose so wichtig.«

Es ist die Zeit, die uns mit dem anderen verbindet, aber nicht das blanke physische Kontinuum der verflossenen Jahre, sondern die erfüllte Zeit, in der wir, um noch einmal Dietrich Bonhoeffer zu zitieren, *als Mensch gelebt, Erfahrungen gemacht, gelernt, geschaffen, genossen und gelitten* haben. Die unsichtbare, aber eigentliche Qualität unserer Liebe ist nur mit dem Herzen zu erblicken. Es ist die Knochenarbeit der Liebe: Der Kampf um das Verbindende. Das Gewinnen konstruktiver Aggressionen und Beziehungsklärungen: Die Auseinandersetzung um klare Liebesverträge bis in die Niederungen der Hausarbeit. Die Praxis von »Familienkonferenzen« mit den Kindern. Der schöpferische Umgang mit dem gemeinsamen Altern. Das Loslassen der Kinder. Was wir leisten müssen ist Paarevolution und Paarsynthese auf immer neuer Ebene.

Das ist, nebenbei gesagt, auch der Grund, warum Paartherapie so sinnvoll und erfolgversprechend ist. Bereits der gemeinsame Entschluß als Paar, mit einer Therapeutin, einem Therapeuten zu arbeiten, ist, salopp gesagt, die halbe Miete. Denn es bedeutet nichts anderes, als daß wir über Nacht den alten Grabenkrieg, das verbissene Schweigen, die sexuelle Erpressung, die Kränkung und die Bevormundung beenden, die Schuldfragen über Bord werfen, aufeinander zugehen und die schlummernden Paarpotenzen zwischen uns wieder aktivieren. Wir lernen vor allem, wieder miteinander zu sprechen. Die Sprachlosigkeit ist der Tod der Beziehung. Das Sprechen ist der Sauerstoff der Liebe – er muß jedoch aus der Tiefe kommen, sonst wird er zum Gerede und zur Quelle aller Mißverständnisse.

Der Kleine Prinz darf seinen blödsinnigen Glassturz in den Müllkübel schmeißen, die Rose ihre stets stechbereiten Dornen zurückziehen. Als Therapeut erlebe ich diesen Prozeß der vertrauensbildenden Maßnahmen und der Wiederbelebung der Liebe voller Beglückung. Fast immer lasse ich im Prozess einer Paartherapie Frau und Mann auf den Korbsesseln in meiner Praxis eng gegenüber sitzen und fordere beide auf, sich gegenseitig die Frage zu beantworten: *Was liebe ich an dir?* Nach so vielen Anstrengungen und Streit des Paares rührt es mich unbeschreiblich, wenn Frau und Mann dann tiefe Liebeserklärungen abgeben, oft in Tränen ausbrechen und sich ergriffen in die Arme nehmen. Ein Mann, überarbeitet, grauhaarig, übergewichtig, sagte einmal bei einer solchen Begegnung zu seiner Frau: *Warum haben wir uns soviel Liebes wie jetzt schon seit Jahren nicht mehr gesagt?* Die beiden entschwanden händchenhaltend wie Jungverliebte.

»Geh die Rosen wieder anschauen«, rät der Fuchs dem Kleinen Prinzen. *»Du wirst begreifen, daß die deine einzig*

ist in der Welt.« Jetzt hat der Kleine Prinz begriffen, warum er die Rose liebt. Warum es *seine* Rose ist. Jetzt kann er zu den Rosen gehen und ihnen das sagen, was jeder von uns sich zu eigen machen dürfte: *»Ihr gleicht meiner Rose gar nicht, ihr seid noch nichts«, sagte er zu ihnen. »Niemand hat sich euch vertraut gemacht und auch ihr habt euch niemandem vertraut gemacht. Ihr seid, wie mein Fuchs war. Der war nichts als ein Fuchs wie hunderttausend andere. Aber ich habe ihn zu meinem Freund gemacht, und jetzt ist er einzig in der Welt.« Und die Rosen waren sehr beschämt.*

Selbst die Dummheiten unserer Liebe sind doch Ausdruck unserer Liebe und markieren ihre hohe subjektive Qualität: *»Ihr seid schön, aber ihr seid leer«, sagte er noch. »Man kann für euch nicht sterben. Gewiß, ein Irgendwer, der vorübergeht, könnte glauben, meine Rose ähnle euch. Aber in sich selbst ist sie wichtiger als ihr alle, da sie es ist, die ich begossen habe. Da sie es ist, die ich unter den Glassturz gestellt habe. Da sie es ist, die ich mit dem Wandschirm geschützt habe. Da sie es ist, deren Raupen ich getötet habe . . . Da sie es ist, die ich klagen oder sich rühmen gehört habe oder auch manchmal schweigen. Da es meine Rose ist.«*

Liebe ist Knochenarbeit. Ohne Renovierung verkommt sie wie ein unbewohntes Haus.

Bruder Tod

Seines Todes ist man gewiß,
warum sollte man nicht heiter sein?
Friedrich Nietzsche

Noch einmal sind wir mit dem »Kleinen Prinzen« mit den »Zeitdieben« und dem falschen Leben konfrontiert. Der Händler will dem Prinzen eine durststillende Pille andrehen: *Man schluckt jede Woche eine und spürt überhaupt kein Bedürfnis mehr zu trinken.* Nach Rechnungen der *Sachverständigen* erspart man damit dreiundfünfzig Minuten in der Woche. Wieder einmal setzen wir Menschen an die Stelle des Eigentlichen, der Sehnsucht, die Sucht. Wir katapultieren uns mit der Pille je nachdem in den Schlaf, in die Leistungssteigerung, in die Stimmungsaufhellung. Wir greifen zu Surrogaten, anstatt Schlaf, Arbeitsfähigkeit und Lebensfreude aus unserem Leben zu entwickeln.

»Wenn ich dreiundfünfzig Minuten übrig hätte«, sagte der kleine Prinz, »würde ich ganz gemächlich zu einem Brunnen laufen . . .« Ein Brunnen ist jetzt auch für den Piloten das oberste Gebot der Suche, sonst verdurstet er. Pilot und Kleiner Prinz machen sich auf den Weg. *Wasser, meint der kleine Prinz, kann auch gut sein für das Herz.*

Was für ein seltsames Wort. Offensichtlich ist hier nicht die Rede von Leitungswasser. Es handelt sich, so scheint es mir, um das Wasser des Lebens. Als die beiden Wüstenwanderer den Brunnen finden, gibt der Dichter das Wasser dem göttlichen Kind und jubelt: *Ich hob den Kübel an seine Lippen. Er trank mit geschlossenen Augen. Das war süß wie ein Fest. Dieses Wasser war etwas ganz anderes als ein Trunk. Es war entsprungen aus dem Marsch unter den Sternen, aus dem Gesang der Rolle* (der Seilwinde – M.J.), *aus der Mühe meiner Arme. Es war gut für's Herz, wie ein Geschenk.* An einer anderen Stelle, in *Wind, Sand und Sterne,* an der Saint-Exupéry seine Rettung aus der libyschen Wüste schildert, heißt es: *Wasser, du hast weder Geschmack noch Farbe, noch Aroma. Man kann dich nicht beschreiben. Man schmeckt dich, ohne dich zu kennen. Es ist nicht so, daß man dich zum Leben braucht: du selber bist das Leben! Du durchdringst uns als Labsal, dessen Köstlichkeit keiner unserer Sinne auszudrücken fähig ist. Durch dich kehren alle unsere Kräfte zurück, die wir schon verloren gaben. Dank deiner Segnungen fließen in uns wieder alle bereits versiegten Quellen der Seele. Du bist der köstlichste Besitz dieser Erde. Du bist auch der Empfindsamste, der rein dem Leibe der Erde entquillt.*

Wieder erfahren wir: Wo eine Wüste ist, da ist auch ein Brunnen. Mit Hölderlin zu sprechen: *»Wo aber Gefahr ist, wächst das Rettende auch.«* Es macht, wie wir bereits sahen, die Krise zum Schatz, daß sie einen Entwicklungsansporn in sich birgt. Das Wort Krise kommt von dem altgriechischen Wort »krinein«. Das bedeutet »urteilen, sich entscheiden«. In der Krise entscheidet sich, im positiven Fall, das Ende des Alten und der Beginn des Neuen. Saint-Exupéry: *Denn der Sinn der Dinge liegt nicht im schon angesammelten Vorrat, den die Seßhaften verzehren, sondern in der Glut der Verwandlung,* *des Heranschreitens oder der Sehnsucht (Die Stadt in der Wüste).*

In der Krise, auf der Suche nach dem lebensrettenden Brunnen, hat der Pilot endlich auch rückhaltlos Zugang zu seinem bedrohten »inneren Kind« gefunden. Er geht mit dem Kleinen Prinzen wie mit einem zarten jungen Vögelchen um: *Mir war, als trüge ich ein zerbrechliches Kleinod. Es schien mir sogar, als gäbe es nichts Zerbrechlicheres auf der Erde. Ich betrachtete im Mondlicht diese blasse Stirn, diese geschlossenen Augen, diese im Wind zitternde Haarsträhne, und ich sagte mir: Was ich da sehe, ist nur eine Hülle. Das Eigentliche ist unsichtbar ...*

Wie oft empfehle ich im Prozeß der Therapie einem Menschen, der endlich sich selbst als Kind wiedergefunden und die Einzigartigkeit dieses kleinen Mädchens oder dieses kleinen Jungen liebgewonnen hat, ein großes Kinderfoto von sich stolz an die Wand zu hängen und mit ihm täglich liebevolle Zwiesprache zu halten ...

Am Ende der Erzählung führt Saint-Exupéry seinen notgelandeten und existenziell gestrandeten Erwachsenen auch in die Begegnung mit dem Tod. Wir dürfen uns den Piloten als einen Menschen in der Lebensmitte vorstellen. Das ist die Scheitellinie, der »point of no return« im Leben. Die Sonne beginnt den Zenit des Lebens zu überschreiten. Was hinter uns liegt, ist ein Stück Tod, nämlich gelebtes, irreversibles Leben. Eine neue Ära bricht an, die wir nicht mehr nach den früheren Kategorien des Lebensaufbruchs gestalten können.

C. G. Jung mahnt in seinem 1930 gehaltenen Vortrag *Die Lebenswende: Wir können den Nachmittag des Lebens nicht aus demselben Programm leben wie aus dem Morgen, denn was am Morgen viel ist, wird am Abend wenig sein, und was am Morgen wahr ist, wird am Abend unwahr sein.* Der Schweizer Psychoanalytiker läßt hier erstmals den Tod aus den Kulissen des Lebens treten: *Ich bin als Arzt überzeugt, daß es sozusagen hygienischer ist, im Tod ein Ziel zu erblicken, nach dem gestrebt werden sollte, und daß das Sträuben dagegen etwas Ungesundes und Abnormes ist, denn es beraubt die zweite Lebenshälfte ihres Ziels.*

Das sind unbequeme, weil unmoderne Gedanken. Denn das *Projekt Moderne* ist ja, wie wir sahen, seit dem Siegeszug des Rationalismus nicht nur darauf aus, durch die Wissenschaft der Not, dem Hunger und der Unwissenheit den Garaus zu machen, sondern die Krankheiten selbst und damit möglicherweise den Tod zu überwinden. Die Anhänger des französischen Philosophen René Descartes sprachen bereits davon, das menschliche Leben mittels Reparaturen an der *Maschine* des Körpers auf vierhundert Jahre zu verlängern.

Heute dominiert in der Medizin, bei Ärzten wie bei Laien, der fast kindliche Glauben an die vollkommene technische Machbarkeit von Gesundheit und an ein tendenziell unbegrenzt verlängerbares Leben. Einem Weltkrieg vergleichbar führt die Medizin den Kampf zur Beseitigung jeglicher Krankheit. Mit Medikamenten und Implantaten, aufwendigsten Operationen und immens teuren operativen Einsätzen soll die Krankheit beseitigt und letztlich dem Sterben Einhalt geboten werden. Ob Mikrochirurgie, Transplantationstechnik oder Genmanipulation, ob Chemotherapie, Laser- oder Kobaltbombe – die Medizin nähert unsere Illusion, alle Krankheiten als eine Art lästigen »Defekt« wie verrußte Zündkerzen beseitigen zu können.

Wir spüren jedoch in der Wahrheit unseres Herzens, Leid und Tod lassen sich nicht aus unserem Leben wegdenken. Der Mensch ist, wie die Existentialisten sagen, in diese Welt hineingeworfen als eine nackte Kreatur. Er ist sterblich und erschütternd verletzlich. Die Sache mit dem Tod können wir nicht einfach wegstecken. Wir müssen uns ihr stellen. Es ist dabei, so scheint mir, nicht entscheidend, welche individuelle Antwort jeder von uns findet – darüber werden wir uns als Agnostiker, Atheisten oder Gläubige nicht einigen –, sondern daß wir den ungeheuerlichen Aspekt des Todes, seine Provokation, überhaupt in unser Leben hineinnehmen und immer neu bedenken.

Der Ängstigung des Todes können wir nicht ausweichen. Der Mensch ist das einzige Lebewesen, das um seine Endlichkeit weiß. Der Tod ist eine schneidende Kränkung des Ichs. Denn der Tod bedeutet, daß das Leben ungerührt auch nach mir weitergeht. Aber hat das Leben, worauf der Philosoph Seneca bereits hinweist, nicht schon Jahrmilliarden vor mir bestanden? Warum empört mich dieser Umstand nicht?

Ich habe Angst, sagt der Pilot. Angst darf er auch haben. Der Tod ängstigt uns. Aber müssen wir den

Tod bekämpfen bis zum Selbstverlust? Der Pilot greift nach dem Revolver, als er die Schlange des Todes sieht. Das heißt, der Pilot lehnt den Tod ab. Er und wir greifen zu allen Waffen, um den Tod abzuwehren. Oft kommentieren wir auch so noch den Tod eines Angehörigen: Er (sie) hat den *Kampf* gegen den Krebs *verloren.* Wir gehen mit dem Tod wie ein Soldat mit dem *Feind* um, die Waffe in der Hand.

Der Kleine Prinz ist angesichts des Todes *bleich wie der Schnee ... Ich fühlte sein Herz klopfen, wie das eines sterbenden Vogels.* Der Weg vom Leben zum Tod wird von Saint-Exupéry als *weiter* und *schwieriger* Weg beschrieben. Der Dichter bagatellisiert das Sterben nicht. Vergeblich schließt der Pilot den Kleinen Prinz in die Arme, *doch schien es mir, als stürzte er senkrecht in einen Abgrund, ohne daß ich imstande war, ihn zurückzuhalten.*

Es läuft dem Piloten *eisig über den Rücken bei dem Gefühl des Unabwendbaren.* So ist es. Wenn geliebte Menschen von uns gehen, schneidet der Gedanke, ihre einzigartige Stimme nie wieder zu vernehmen wie ein Messer in unser Herz: *Dieses Lachen nie mehr zu hören – ich begriff, daß ich den Gedanken nicht ertrug. Es war für mich wie ein Brunnen in der Wüste.* Ja, auch und gerade Menschen sind für uns das lebensspendende Wasser des Lebens: Mutter, Vater, Geschwister, Partner, Freunde, Kollegen, Nachbarn ...

Man kann es drehen und wenden, wie man will, der Tod bleibt ein Skandalon. Der protestantische Theologe und Philosoph Kierkegaard stellt fest: *Der Tod ist unerklärlich.* Aber, und das ist das Erlösende in Saint-Exupérys Erzählung, der Tod ist auch ein Trost.

Das ist so selbstverständlich nicht. Mir selbst, einem katholisch erzogenen Jungen, malten die Jesuiten im Internat noch die fürchterlichen Qualen des *Fegefeuers* und der *Hölle* an die Wände meiner zitternden kindlichen Seele. Was so vielen von uns eingehämmert wurde, ist die amtskirchliche Drohbotschaft, der Tod als dräuender Vorbote des Jüngsten Gerichts. Das hat Nietzsche kritisiert: *Der Tod ist durch die wunderlichen Apotheker-Seelen zu einem übelschmeckenden Gifttropfen gemacht (Menschliches, Allzumenschliches).* Und in *Der Wille zur Macht: Der Tod ist verdorben durch den Mißbrauch, den die Kirche damit getrieben hat.*

Der Kleine Prinz dagegen gibt dem Piloten eine tröstliche Deutung des Abschiedes, der da Tod heißt: *»Du wirst in der Nacht die Sterne anschauen. Mein Zuhause ist zu klein, um dir zeigen zu können, wo es umgeht. Es ist besser so. Mein Stern wird für dich einer der Sterne sein. Dann wirst du alle Sterne gern anschauen . . . Alle werden sie deine Freunde sein.«*

Das »kleine Kerlchen« macht dem Piloten aus der Weisheit seiner Kinderseele heraus noch ein Geschenk, das Geschenk des würdigen Todes: *»Die Leute haben Sterne, aber es sind nicht die gleichen. Für die einen, die reisen, sind die Sterne Führer. Für andere sind sie nichts als kleine Lichter. Für wieder andere, die Gelehrten, sind sie Probleme. Für meinen Geschäftsmann waren sie Gold. Aber alle diese Sterne schweigen. Du, du wirst Sterne haben, wie sie niemand hat . . . Wenn du bei Nacht den Himmel anschaust, wird es dir sein, als lachten alle Sterne, weil ich auf* *einem von ihnen wohne, weil ich auf einem von ihnen lache. Du allein wirst Sterne haben, die lachen können ... Und wenn du dich getröstet hast (man tröstet sich immer), wirst du froh sein, mich gekannt zu haben. Du wirst immer mein Freund sein. Du wirst Lust haben, mit mir zu lachen. Und du wirst manchmal dein Fenster öffnen, gerade so, zum Vergnügen ... Und deine Freunde werden sehr erstaunt sein, wenn sie sehen, daß du den Himmel anblickst und lachst. Dann wirst du ihnen sagen: ›Ja, die Sterne, die bringen mich immer zum Lachen!‹«*

Die Toten sind eben nicht einfach nur tot. Sie leben im Gedächtnis derer weiter, die sie lieben. Saint- Exupéry, der die metaphysische Spekulation von der jenseitigen Existenz des Menschen ablehnt, sieht doch jeden von uns mit einem potentiellen kleinen Stück Unsterblichkeit ausgestattet: Wenn wir menschlich gelebt und etwas Wärme in die Welt gebracht haben, dann leben wir im Gedächtnis derer weiter, die wir damit beschenkten. Das ist unsere Chance. Das Letzte, was bleibt, wenn wir die Welt verlassen, ist allein die Liebe. *»Du weißt,* flüstert der Kleine Prinz bei seinem Entschwinden, *»meine Blume ... ich bin für sie verantwortlich!«*

So sagt es auch der Dichter Hermann Hesse: *Die Dahingegangenen bleiben mit dem Wesen, womit sie auf uns gewirkt haben, mit uns lebendig, so lange wir selber leben. Manchmal können wir sogar besser mit ihnen sprechen, uns besser mit ihnen beraten und Rat von ihnen holen, als von Lebenden.*

Wir dürfen die Gewißheit unseres Sterbens nicht leugnen. Die »ars moriendi«, die Kunst des Sterbens, heißt, den Tod als einen *Kunstgriff der Natur, um Leben zu schaffen* (Goethe) zu verstehen. Der Mensch bleibt trotz seiner herausragenden Stellung im Vergleich zu anderen biologischen und zoologischen Lebensformen Teil eines übergreifenden Ökosystems. Die Natur macht keine Unterschiede. Wir müssen als *Individuen* sterben, damit die *Gattung* weiterleben kann. Wir nehmen am Wunder des Lebens teil, weil Milliarden und Abermilliarden Lebewesen uns den Weg bereitet haben und dann gestorben sind – gewissermaßen für uns. Auch wir sterben, damit andere leben können. Die Tragödie des Individuums wird zum Triumph der überlebenden Gattung, oder, wie der Psalmist sagt: *Des Menschen Tage sind wie das Gras; er blüht wie eine Blume des Feldes: Wenn der Wind darüber geht, so ist sie dahin, und ihre Stätte weiß nichts mehr von ihr.*

Der Tod ist ein normales Ereignis im Rhythmus der Natur. Entscheidend ist nicht die Länge unseres Lebens, sondern ob wir es mit vollen Zügen, mit Lust und Verantwortungsbewußtsein gelebt haben oder ob wir es einfach nur an uns vorbeiplätschern ließen und die Jahre vertrödelten. Seneca betont: *Die Nützlichkeit des Lebens ist nicht in der Länge, sie ist im Gebrauch: Mancher hat lange gelebt, der doch wenig gelebt hat; achtet darauf, so lange ihr da seid. Es liegt an eurem Willen, nicht an der Zahl der Jahre, daß ihr genug gelebt habt.*

Der Tod des Kleinen Prinzen ist denn auch nicht schmerzhaft. Die Schlange des Todes ist ihm Freund: *Es war nichts als ein gelber Blitz bei seinem Knöchel. Er blieb einen Augenblick reglos. Er schrie nicht. Er fiel sachte, wie ein Blatt fällt. Ohne das leiseste Geräusch fiel er in den Sand.*

Der Tod kann uns, so gesehen, ein Bruder sein. Hermann Hesse hat dies in einem Gedicht voller glühender Hoffnung in Worte gerückt:

Bruder Tod

Auch zu mir kommst du einmal.
Du vergißt mich nicht,
Und zu Ende ist die Qual,
Und die Kette bricht.

Noch erscheinst du fremd und fern,
Lieber Bruder Tod.
Stehest als ein kühler Stern
Über meiner Not.

Aber einmal wirst du nah
Und voll Flammen sein –
Komm, Geliebter, ich bin da,
Nimm mich, ich bin dein.

Den Tod annehmen, heißt, mich frei zu machen. Ich kämpfe nicht länger mehr gegen das an, was ohnehin unvermeidlich ist. Auch um mich macht der Tod keinen Bogen. Auch ich unterliege den Gesetzen des Kosmos. Jede Katze, jeder Baum, jeder Ozean entsteht und stirbt. Auch unser schöner blauer Planet wird nach kosmischen Gesetzen in ungefähr fünf Milliarden Jahren erkalten, weil unsere Sonne erlischt.

Thomas Mann hat als fast Achtzigjähriger in seinem humoristischen Roman *Felix Krull* die Hymne auf die

Endlichkeit des Lebens gesungen. Es ist die berühmte Stelle, an der der hübsche junge Hochstapler im Speisewagen der Zuglinie Paris-Lissabon von Professor Kuckuck, dem Gelehrten der Frühgeschichte, über die Entstehung des Kosmos, des Lebens und des Menschen belehrt wird. Die folgende Textstelle ist eine von Thomas Mann überarbeitete Fassung dieser hinreißenden Eloge auf Tod und Leben. Thomas Mann führt aus: *Die Biologen schätzen das Alter des organischen Lebens auf Erden auf ungefähr fünfhundertfünfzig Millionen Jahre. In dieser Zeit entwickelt es in unzähligen Mutationen seine Formen bis hinauf zum Menschen, seinem jüngsten und gewecktesten Kinde. Ob dem Leben noch eine ebenso lange Zeit gewährt sein wird, wie seit seiner Entstehung vergangen ist, weiß niemand. Es ist an bestimmte Bedingungen gebunden, und wie es einen Anfang hatte, so wird es enden. Die Bewohnbarkeit eines Himmelskörpers ist eine Episode in seinem kosmischen Sein.*

Was für ein hübscher Gedanke, das planetarische Leben, aber auch unsere winzige Existenz stellt eine *kosmische Episode* dar! Thomas Mann meint, daß gerade die Kürze des Lebens seine unbeschreibliche Würze ausmacht. Aber, so fragt sich Thomas Mann, ist dieser Mensch, der da verloren in der Unendlichkeit des Alls auf einem galaktischen Fliegendreck haust, nicht, kosmisch gesehen, eine quantité négligeable, eine zu vernachlässigende Größe?

Thomas Mann antwortet: *Die Astronomie, eine große Wissenschaft, hat uns gelehrt, die Erde als ein im Riesengetümmel des Kosmos höchst unbedeutendes, selbst noch in ihrer eigenen Milchstraße ganz peripher sich umtreibendes*

Winkelsternchen zu betrachten. Das ist wissenschaftlich unzweifelhaft richtig, und doch bezweifle ich, daß sich in dieser Richtung die Wahrheit erschöpft. In tiefster Seele glaube ich – und halte diesen Glauben für jeder Menschenseele natürlich – daß der Erde im Allsein eine zentrale Bedeutung zukommt. In tiefster Seele hege ich die Vermutung, daß es bei jenem »Es werde«, das aus dem Nichts den Kosmos hervorrief, und bei der Zeugung des Lebens aus dem anorganischen Sein auf den Menschen abgesehen war, und daß mit ihm ein großer Versuch angestellt ist, dessen Mißlingen durch Menschenschuld dem Mißlingen der Schöpfung selbst, ihrer Widerlegung gleichkäme. Möge es so sein oder nicht so sein – es wäre gut, wenn der Mensch sich benähme, als wäre es so.

Auch wenn wir dem Offenbarungsglauben skeptisch gegenüberstehen, handeln wir doch so, *als ob* es der Kosmos auf den Menschen im allgemeinen und auf mich im besonderen abgesehen hätte! Beziehen wir vom Tod her unsere Einmaligkeit und Verpflichtung zum Menschsein. So hat am Ende der Pilot die *baptême du solitude*, die Einsamkeitstaufe, bestanden. Sein »inneres Kind« lebt.

Obzwar es das Kind, das ich einmal war, realiter nicht mehr gibt, überlebt es als gefühlshafte und poetische Wirklichkeit in meinem Herzen. Dort kann ich es jederzeit besuchen, bei ihm verweilen, es befragen und aus ihm Kraft schöpfen. Der Blick in den nächtlichen Sternenhimmel entpuppt sich derart als psychonautische Erkundung meines eigenen unzerstörbaren, strahlenden, kindlichen Seelenkosmos.

Wie der Kleine Prinz ist auch der Dichter Saint-Exupéry todbereit aus der Welt gegangen. Er ist fast spurenlos verschwunden, wenn man von einem silbernen Armband mit der Gravur seines Namens, der von Consuelo und der Adresse seines New Yorker Verlegers absieht, das ein Fischer im Sommer 1998 den Tiefen des Mittelmeeres entriß.

In einem Brief an Madame de B., seine letzte Freundin, äußerte Saint-Exupéry eine Woche vor seinem Tod seine Einsamkeit und seine *atemberaubende Gleichgültigkeit* dem Leben gegenüber. Zuvor hatte er an Consuelo geschrieben, würden die Deutschen ihn abschießen, so wäre das einzige, was ihm leid täte, sie, seine Frau, zum Weinen zu bringen. Am 31. Juli 1944 schrieb Saint Exupéry an seinen Freund Dalloz: *Sollte ich abgeschossen werden, werde ich rein gar nichts bedauern. Vor dem künftigen Termitenhaufen graust mir. Und ich hasse ihre Robotertugend. Ich war dazu geschaffen, Gärtner zu sein.*

Am gleichen Tag brach »Major X« mit seinem supermodernen amerikanischen Jagdflugzeug, der Lightning P 38, von Korsika zu seinem letzten Erkundungsflug über das besetzte Frankreich auf. Diese Flüge waren, wie Saint-Exupéry früher einmal notierte, gleichermaßen aufwühlend wie schmerzhaft: *Und dann die peinigenden Gedanken während der Stunden, die man über Frankreich dahinfliegt, so nah und doch so fern! Es ist, als trennten einen Jahrhunderte von diesem Boden. Alle Zärtlichkeit, alle Erinnerung, alle Gründe, für die es sich zu leben lohnt, liegen dort unten, fünfunddreißigtausend Fuß tiefer im hellen Licht der Sonne, vor unseren Augen ausgebreitet, und doch sind sie unerreichbarer als die Schätze der Pharaonen hinter der Vitrine in einem Museum ...*

Saint-Exupéry hätte an diesem 31. Juli 1944 um 12.30 Uhr bei seiner Fliegerstaffel 2/33 zurück sein müssen. Die Zeit verstrich. Er kam nicht mehr zurück.

Die Biographin Stacy Schiff merkt an: *Zwei Wochen später nahmen die restlichen Piloten der 2/33 an der Landung der Alliierten teil, an deren Vorbereitung sie mitgewirkt hatten. Am 25. August war Paris befreit, am folgenden Tag führte Charles de Gaulle einen Triumphzug die Champes-Élysées hinunter.*

Die befreite Welt atmete auf. Saint-Exupéry, ein mutiger Mann, hat mit seinem Leben für unser aller Freiheit bezahlt.

Mit Exupérys »Kleinem Prinzen« bleibt uns die Beunruhigung und die Hoffnung unseres Herzens. Beunruhigend bleibt, daß der Dichter vergessen hat, dem Schaf des Kleinen Prinzen einen Lederriemen zur Befestigung seines Maulkorbes zu zeichnen. Es könnte also die Rose bedrohen. Es gibt kein Leben ohne Angst.

Wir dürfen jedoch mit dem Kleinen Prinzen auch das mitnehmen, was Saint-Exupéry die Ehrfurcht vor dem Menschen genannt hat. In seiner Schrift *Freundschaft* hinterläßt er uns sein Testament: *Ehrfurcht vor dem Menschen! ... Wenn die Ehrfurcht vor dem Menschen in den Herzen der Menschen wurzelt, werden die Menschen einmal so weit kommen, ihrerseits wieder das soziale, politische oder ökonomische System zu begründen, das diese Ehrfurcht für immer gewährleistet. Eine Zivilisation bildet sich zuerst im Kern. So ist Menschen zuerst das blinde Verlangen nach einer gewissen Wärme. Von Irrtum zu Irrtum findet der Mensch den Weg zum Feuer.*

Eine Zivilisation bildet sich zuerst im Kernpunkt des Individuums. Dieser Kern, das ist der »Kleine Prinz« in uns: Das »innere Kind« in seiner Lebensfreude, Unschuld und Weisheit. Pablo Casals, der große spanische Cellist, formulierte das Geheimnis des »Kleinen Prinz« in uns unübertrefflich:

Wann wird man unsere Kinder
in der Schule lehren, was sie selbst sind?
Jedem dieser Kinder sollte man sagen:
Weißt du, was du bist?
Du bist ein Wunder!
Du bist einmalig!
Auf der ganzen Welt gibt es kein zweites Kind,
das genauso ist wie du.
Und Millionen von Jahren sind vergangen,
ohne daß es je ein Kind gegeben hätte wie dich.
Schau deinen Körper an, welch ein Wunder!
Deine Beine, deine Arme, deine geschickten Finger,
deinen Gang.
Aus dir kann ein Shakespeare werden,
ein Michelangelo, ein Beethoven.
Es gibt nichts, was du nicht werden könntest.
Jawohl, du bist ein Wunder.
Und wenn du erwachsen sein wirst,
kannst du dann einem anderen wehe tun, der,
wie du selbst,
auch ein Wunder ist?

Wenn ich den Kleinen Prinzen in mir entdeckt habe, dann verliert der Tod seinen Stachel, und mein Leben glüht in der Farbe der Rose – der Liebe.

Antoine de Saint-Exupéry

Man kennt nur die Dinge, die man zähmt

Zusammengestellt von Rainer Thuß
112 Seiten

Der Autor des Kleinen Prinzen hat in seinen Reportagen, Betrachtungen, Briefen und Tagebuchnotizen immer wieder Fragen nach dem wahren Menschsein gestellt. Seine schönsten Texte und die darin enthaltenen Lebensweisheiten sprechen von der uralten menschlichen Sehnsucht nach Geborgenheit und Zuwendung, von der Suche nach der eigenen Wahrheit und einem erfüllten Leben jenseits der Hektik und Kälte des Alltags. Saint-Exupéry zeigt: »Wie wenig Lärm machen die wirklichenn Wunder!«
Der Band vereint wunderbare Gedanken, Sinnsprüche und nachdenklich stimmende Textpassagen über den langen Weg, den ein Mensch zurücklegen muß, bis er sich selbst erkennt.

Benziger Verlag
Düsseldorf und Zürich

Antoine de Saint-Exupéry

Was du gibt,
macht dich nicht ärmer

Zusammengestellt von Rainer Thuß
128 Seiten

Die Nachbarschaft mit den Sternen lehrte den Nachtflieger die Erde verstehen. Die Einsamkeit der Wüste ließ ihn zum Wesentlichen des Menschseins vordringen. Saint-Exupéry ist ein Suchender.
Grenzsituationen des Lebens sind für ihn keine Abenteuer, Technik kein Selbstzweck. Gewalt und Schönheit des Universums erschließen sich dem Schriftsteller-Piloten als Gegenwelten vordergründigen Konsumglücks.
Dieser Band vereint spannende Reportagen, poetische Naturbeobachtungen und wunderbare Lebensweisheiten. Sie sprechen von der »Poesie des Erdenhauses«, von menschlicher Schöpferkraft und den Werten, die erhalten bleiben müssen, wenn der Mensch überleben will.

Benziger Verlag
Düsseldorf und Zürich

Josef Imbach

Der goldene Vogel oder die Lebensreise

Eine Märcheninterpretation
128 Seiten

Imbach folgt dem Duktus des Grimmschen Märchens vom goldenen Vogel Schritt für Schritt und erschließt seine religiösen Tiefenschichten.
Dabei entdeckt er, wie auch das Märchen die Weisheit der Welt als eigentliche Torheit entlarvt. Solange der Mensch nach materiellem Reichtum strebt, sich selbst aber und seine wahren Bedürfnisse und Gefühle verleugnet, wird der goldene Vogel unerreichbar bleiben.

Benziger Verlag
Düsseldorf und Zürich

Josef Imbach

Das Eselein oder
Von der Tugend der Keckheit

Eine Märcheninterpretation
128 Seiten

Das Märchen vom Eselein ist die Geschichte eines jungen Menschen, der sich auf den Weg macht und dabei ganz allmählich und nicht ohne Schwierigkeiten vom Rand ins Zentrum und von der Oberfläche in die Tiefe gelangt, um schließlich zu sich selber zu finden.
Der Autor interpretiert das Märchen, indem er den Blick auf erzählerische Tiefenschichten lenkt, die nicht unmittelbar wahrzunehmen sind. Wem sich das Märchen – so gedeutet – neu erschließt, sieht sich an Phasen seines eigenen Lebens erinnert. Dem Autor gelingt es, die religiösen Dimensionen des Lebens und des Märchens zusammenzuführen.

Benziger Verlag
Düsseldorf und Zürich